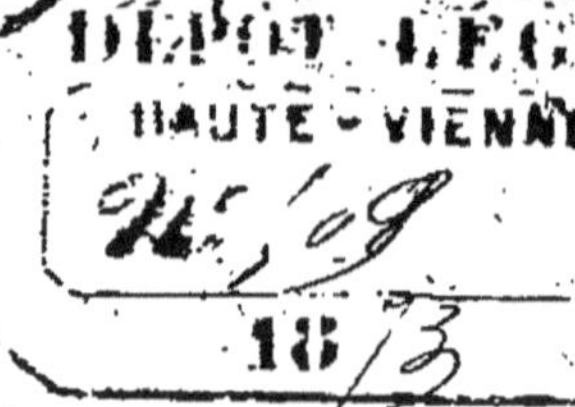

APPENDICE

AU PETIT LIVRE

DE LA SANTÉ ET DU BIEN-ÊTRE.

(Par Gaffard)

DES DIATHÈSES OU VICES MORBIDES.

PRÉAMBULE.

Art. 402. — **Infiniment grands.** — Lorsque, par une nuit sereine, et avec le recueillement qu'impose à notre esprit tout ce qui est grand, nous portons nos regards vers la voûte céleste, nous y voyons, comme y voyaient nos ancêtres, il y a mille ans, des myriades de corps brillants qu'une même force semble faire mouvoir ensemble d'orient en occident. Les premiers habitants de l'Egypte, contrée d'où nous viennent les plus anciennes notions scientifiques, dépourvus d'instruments d'optique, paraissent n'y avoir aperçu que quatre ordres de corps célestes. Les Grecs, continuateurs du progrès commencé en Orient, nous parlent d'un cinquième ordre d'astres, les planètes, ayant un mouvement dans le ciel comme les comètes ; mais ils ne peuvent signaler les satellites de ces planètes, dont la découverte était subordonnée à la possession d'instruments d'optique, sans le secours desquels toutes autres investigations vraiment fructueuses dans les régions célestes étaient frappées d'impuissance pour le progrès de la science astronomique.

Galilée inventa, on le sait, la première lunette télescopique, et de cette époque date la période dans laquelle a pris naissance cette science des astres, pouvant, de nos jours, assigner à ceux qui font partie du système solaire leur nature, leur volume, leur pesanteur, les lois qui régissent leur révolution sur eux-mêmes et autour du soleil, etc. ; toutes connaissances qui tiennent du prodige, et qui ont le ravissant privilége de faire prévoir, longtemps d'avance, telle éclipse, telle marée, l'époque des saisons, le passage de telle comète, etc., comme de dévoiler à l'homme, par un coin du rideau, l'imposant théâtre de la création, et partant l'incompréhensible nature comme l'incommensurable grandeur de son auteur.

Les découvertes astronomiques ont été nombreuses depuis deux siècles, et subordonnées, depuis celles de Copernic, au perfectionnement des instruments télescopiques, dont chaque amélioration a été le point de départ de nouvelles découvertes. Les savants n'ont pas fait défaut grâce à Dieu, et, parmi eux, des chercheurs infatigables. Aussi prévoit-on déjà, pour cela et par la perfectibilité des appareils d'optique, que cette série de découvertes doit se continuer à l'infini, en nous dévoilant soit de nouveaux mystères dans la région des astres, soit une plus grande étendue de cet imposant univers.

ART. 403. — **Infiniment petits.** — Mais, si des physiciens ont pu, en perfectionnant les instruments de télescopie, nous initier à tant de merveilles dans le monde des infiniment grands, d'autres savants, en s'appliquant à l'amélioration des appareils de microscopie, nous ont dévoilé les plus intéressants, les plus incompréhensibles phénomènes parmi les infiniment petits. Le naturaliste, le physicien, le physiologiste, ont puisé à pleines mains d'abord dans ce nouveau champ de la science, et tous les jours de nouvelles découvertes viennent agrandir le cercle de ces précieuses conquêtes. Dans les sciences médicales, nous pouvons citer la découverte des globules du sang, qui a été le point de départ des plus remarquables travaux sur l'*hématose*, cette curieuse transformation du sang veineux noir en sang rouge, par l'action de l'oxygène de l'air, dans l'organe pulmonaire; la découverte des zoospermes et des ovules, jetant un jour tout nouveau sur la mystérieuse fonction de reproduction, etc.

ART. 404. — **Le monde microscopique.** — De ce que, à l'aide du microscope, dans son état actuel, on a pu apercevoir tout un monde nouveau, des deux règnes, dont la petitesse n'a pour nous de limite de vision que l'impuissance relative de nos appareils d'optique, on peut rigoureusement déduire l'existence d'un monde plus petit encore, dont la révélation patente nous sera donnée par l'effet des perfectionnements ultérieurs de ces appareils. Et combien seront petits ces nouveaux êtres, quand on songe que déjà, dans une goutte d'eau qui, à l'œil nu, nous paraît d'une limpidité parfaite, ce microscope, dans son état actuel, nous y dévoile des milliers d'infusoires ! MM. Mandl et Ehremberg, qui ont décrit et classé, il y a quelques années, un grand nombre de ces intéressants petits êtres, dont ils ont pu constater l'anatomie, les fonctions physiologiques et le mode de reproduction, comprenaient déjà, dans cette étude, plus de trois cents genres, rangés en vingt-et-quelques familles.

ART. 405. — **Conclusion.** — Le savant qui, physicien et naturaliste, examine en philosophe, et sans parti pris, l'étendue actuelle des connaissances humaines, par suite des nouvelles conquêtes de la science en général, ne peut se défendre de deux sentiments qu'excite en lui la grandeur comme les admirables et impénétrables lois de la création, ayant pour premier effet de rapetisser l'importance de l'homme sur la terre, à savoir : *la pluralité des mondes habités*, d'une part; et, d'autre part, *l'immense rôle des infiniment petits* dans la production d'un très-grand nombre de phénomènes inexpliqués jusqu'à ce jour. C'est à ce rôle qu'on est amené, par toute sorte d'analogies, à attribuer la *cause immédiate des maladies de l'homme, leur spécificité, leur contagiosité, comme leur épidémisme*. Notons, en passant, que la maladie de la vigne, l'*oïdium ;* que l'ergot et le charbon des céréales, *sclerotium* et *uredo*, ont pour cause un cryptogame; que la modification moléculaire des liquides sucrés, que nous désignons sous le nom de *fermentation alcoolique*, a une même cause; que les diverses altérations du vin, telles que l'*acétification*, le *tournage*, l'*amer*, le *goût de renard*, le *filage*, sont également occasionnées par des mucédinées; et, pour nous rapprocher de notre sujet (les maladies de l'homme et leur curation), nous ajouterons, sans parler des affections morbides des animaux, comme le *piétin* du mouton et les *aphthes* des ruminants, également occasionnés par des mucédinées, que les travaux modernes établissent que le *muguet* des enfants, que la *teigne*, que l'*intertrigo*, que le *sycosis* ou *mentagre*, comme toutes les affections dites dartreuses, chez l'homme et chez les animaux, ne sont que des productions végétales cellulaires ou acotylées, qui se fixent sur les tissus vivants. D'après cela, tout le monde le sent, il n'y a qu'un pas à faire pour découvrir les êtres organisés qui sont la cause occasionnelle de toutes les autres affections morbides de l'homme. Cette période de la science des maladies, ne rappelle-t-elle point cette autre période de la science des astres, dans laquelle dés savants allemands avaient pu annoncer l'existence d'une planète nouvelle, par le seul effet des perturbations constatées dans le mouvement d'*Uranus*, planète prévue ainsi bien avant qu'un Français, M. Leverrier, l'eût découverte effectivement depuis, et à laquelle on a donné le nom *Neptune*.

Art. 406. — **Spécificité des maladies.** — Ce mot *spécificité* désigne de nos jours « la nature propre des maladies, la qualité occulte et essentielle des maladies », nous disent MM. Littré et Robin, deux remarquables savants de l'époque.

Art. 407. — **Contagiosité.** — Si une considération doit porter le médecin à croire que la *spécificité* des maladies tient à l'existence, dans l'économie, d'infusoires ou de mucédinées se propageant par contiguïté, c'est assurément la *contagiosité* d'un grand nombre d'affections. Par exemple : que trouvera-t-on d'étonnant que la cuillère qui a servi à ingérer le potage chez un enfant atteint du *muguet*, communique cette affection à un autre enfant bien portant, par le fait seul que cette cuillère sera employée pour celui-ci au même usage? quand on saura que le *muguet* est une production végétale, l'*oïdium albicans*, ayant, comme tous ces êtres inférieurs de la création, la faculté de se reproduire par *gemmation*. Pourra-t-on s'étonner encore que la coiffure d'un teigneux communique le *tricophyton* à un enfant sain, par le fait seul que celui-ci s'en couvrira la tête, lorsque cette invisible plante cellulaire, qui se fixe sur le bulbe des cheveux, a également la faculté de se reproduire par gemmation?

La transmission de ces affections, quand on connaît leur spécificité, s'explique tout naturellement, on le voit; et on se demande si ce n'est pas par un phénomène semblable que sont essentiellement contagieuses la variole, la rougeole, la scarlatine, la pellagre, la suette, le typhus, le choléra, la peste, en leur attribuant une mucédinée comme cause de spécificité.

Art. 408. — **Epidémisme.** — Nos organes, dans le cas d'épidémie, étant infestés de telle ou de telle mucédinée, les humeurs et le sang surtout en sont non-seulement imprégnés, mais les germes de ces cryptogames sont à chaque instant expulsés de l'économie par l'effet de la respiration, des sueurs et de toutes les déjections. L'atmosphère qui entoure le malade ne peut manquer, dès lors, d'en être chargée, à la manière dont elle se charge des germes de la mucédinée fébrigène (1) par l'effet des émanations paludéennes, qui déterminent les fièvres intermittentes.

ART. 409. — **Réflexions.** — Toutes les affections morbides, si ce n'est les maladies accidentelles chez l'homme, nous paraissent dépendre d'une infection parasitaire de l'un ou de l'autre règne, ce qui nous fait penser qu'elles sont toutes plus ou moins douées de *contagiosité* et d'*épidémisme*.

ART. 410. — **Diathèse.** — MM. Littré et Robin définissent la diathèse : « Une disposition générale en vertu de laquelle un individu est atteint de plusieurs affections locales de même nature ». D'après Hisfelshein, c'est « un état morbide de l'humeur sanguine, manifesté par des localisations morbides dans une humeur ou un tissu particulier ». C'est celle qui nous paraît la plus exacte.

MM. Bouchut et Desprès, professeurs de la Faculté de Paris, attachés aux hôpitaux, consignent dans leur récent *Dictionnaire de thérapeutique :* « Une diathèse est une constitution morbide qui a pour effet de produire, avec l'altération du sang et des humeurs, des maladies fréquentes de même nature sur divers points de l'économie ». « Le lymphatisme, le scrofule et la tuberculose, le rhumatisme et la goutte, l'herpétisme et les dartres, la syphilis, l'hémonhaphilie, le cancérisme, sont les diathèses qu'on observe le plus souvent ». Bien qu'on ne connaisse pas et qu'on n'ait pu découvrir encore la nature du vice humoral qui constitue les diathèses, son existence, *démontrée* par les effets morbides, *reste au-dessus* de toute contestation ».

La plupart des diathèses sont innées ou congénitales, héréditaires de nos ascendants. « Il en est qui sont acquises par suite des influences telles que la misère, le mauvais régime, la fatigue, la débauche, et qui font souche de maladies diathésiques pour les générations ultérieures. »

Baumès, ancien médecin en chef des hôpitaux de Lyon, de l'Académie de médecine, etc., nous dit : « La diathèse comprend la portion la plus vaste du champ médical. La science des maladies chroniques surtout, leur thérapeu-

(1) *Fébrigène* veut dire : « Qui occasionne les fièvres ».

tique la plus rationnelle, la plus fructueuse, dérivent en grande partie de la connaissance de l'état diathésique, de la diathèse. Il est impossible d'émettre, *sans cette connaissance*, la moindre sentence sérieuse sur le sort qui attend les malades affectés de maladies chroniques. Cette vérité a été sentie de toute antiquité. »

ART. 411. — **Notre opinion sur les diathèses.** — Sans pouvoir préciser la cause occasionnelle à chacune des diathèses, nous pensons qu'elles sont dues à des êtres organisés qui vivent dans nos humeurs ou qui se fixent dans nos tissus. Leur présence en minime proportion peut être compatible, jusqu'à un certain point, avec l'état de santé, lorsque, au contraire, leur développement doit rompre l'équilibre physiologique et déterminer telle ou telle affection. Leur nature est essentiellement végétale, ainsi qu'on l'a déjà constaté pour les affections dartreuses et autres; mais rien ne dit encore que le règne animal, représenté par des êtres infiniment petits, n'y joue point un rôle important. Du reste, on ne saurait contester aujourd'hui l'importance des entozoaires, tels que les vers intestinaux, la trichine, les *acarus*, dans la production d'un assez grand nombre de maladies.

Des affections différentes peuvent avoir une même cause diathésique, suivant sa prédominance dans telle ou telle partie de l'organisme : et c'est ainsi que nous croyons que les dartres, le rhumatisme, la goutte, les calculs urinaires et certaines affections nerveuses pourraient être dus à une même infection diathésique, mais dont la fixation ou siége d'élection diffère pour chacune d'elles. Deux ou plusieurs causes diathésiques peuvent exister chez le même sujet. Leur développement simultané peut produire à la fois des affections différentes. Leur développement inégal donne souvent lieu à un seul effet appréciable, se rapportant, dès lors, à la cause prédominante.

Toute affection morbide ou maladie a pour cause une ou plusieurs diathèses : c'est-à-dire qu'elle a pour cause médiate la présence de plusieurs êtres organisés (végétaux ou animaux) délétères dans nos humeurs; mais cette affection peut ne se déclarer que dans un cas, comme un froid, une chute, l'état d'ivresse, etc., qui, diminuant un moment la résistance vitale, font prédominer, dès lors, l'influence diathésique. C'est ainsi que s'expliquent ces nombreuses affections du poumon et de la plèvre. Et, si la saignée générale ou locale exerce une si grande et subite influence comme antiphlogistique dans ces cas, c'est en diminuant la proportion de ces êtres organisés dans l'humeur essentielle de l'organisme, le sang.

ART. 412. — **Idyosyncrasies.** — Ce nom veut dire, en médecine, *manière d'être de chaque individu*, soit relativement aux maladies dont ils peuvent être affectés, soit au point de vue de l'effet sur eux des agents thérapeutiques. On connaît par exemple des sujets et même des familles qui, plongés au milieu de telle ou telle épidémie de variole (petite-vérole), ne la contractent point. On sait encore que le virus-vaccin, inoculé dans l'économie, la préserve jusqu'à un certain point de la variole. L'explication de ces faits devient facile par la théorie des mucédinées pathogènes (1); car, de même que certains trèfles, parmi les légumineuses, ne peuvent vivre sur un terrain non calcaire, on peut concevoir telle ou telle mucédinée dont l'existence sur nos tissus exige telle ou telle humeur dont sera dépourvu tel ou tel sujet; et, de même que le trèfle précité ne pourra plus vivre quelque temps après le chaulage d'une terre, après y avoir prospéré tant qu'il y restait de la chaux, on peut concevoir que la mucédinée de la vaccine, ayant épuisé pour se développer l'humeur sans laquelle elle ne saurait vivre, une mucédinée congénère ou de grande ressemblance avec celle de la vaccine, et comme la mucédinée de la variole, ne puisse trouver dans l'économie où elle se fixe les éléments nécessaires à son développement. Cette théorie explique, on le voit, et d'une manière très-satisfaisante, la préservation de telle ou telle maladie exanthémateuse, comme la variole, la rougeole, la scarlatine, etc., quand déjà on a essuyé l'effet de ces épidémies, comme la vertu prophylactique de la vaccine à l'égard de la petite-vérole.

SPÉCIFIQUES.

ART. 413. — **Description.** — On entend par spécifique, en médecine, les agents qui, introduits dans

(1) Veut dire : « Qui engendre les maladies ».

l'organisme, ont la propriété de détruire ou d'atténuer la cause d'une maladie. On dit, par exemple, que le quinquina est le spécifique de la diathèse paludéenne ou fébrile; que l'iode est le spécifique de la scrofule; que le fer est celui de la chlorose; le mercure, de la syphilis; la vaccine, de la variole, etc.

L'action des spécifiques se conçoit aisément lorsqu'on raisonne à notre manière sur la cause des maladies; et, si l'on se demande encore comment tel agent est spécialement l'antagoniste de telle ou telle mucédinée pathogène, nous ne pourrons assurément en donner une irréfutable explication, mais nous trouvons des analogies les plus satisfaisantes. En effet, après avoir signalé la chaux comme condition d'existence de telle légumineuse, nous trouvons le chlorure de sodium ou sel marin comme nécessaire à la vie des varechs, de certaines chénopédées et graminées, etc. Réciproquement, ce calcaire et ce sel marin, nécessaires à la vie de telles plantes, sont, au contraire, incompatibles avec l'existence de telles autres. Ne savons-nous pas que le châtaignier et le seigle réussissent mal dans les terrains calcaires; et que les plantes dites marines meurent loin de la mer, à moins qu'on n'ait soin de les arroser avec une dissolution de sel marin. D'un autre côté, que de végétaux succombent, si peu que l'eau dont on les arrose renferme un sulfure alcalin, de la créosote, du sulfate de cuivre, etc. Or, l'introduction dans l'économie de telle ou telle substance, qui exercera une action délétère sur la mucédinée pathogène de telle affection, en deviendra l'agent curatif en en détruisant la cause; de même qu'elle pourra en être l'agent prophylactique ou préservatif. Cette substance en sera le spécifique.

On connaît déjà, nous le savons, les *spécifiques* de quelques affections morbides, et tout fait penser à celui qui observe que ces agents sont nombreux, préexistant autour de nous : n'étant dévoilés à l'homme que peu à peu, et par le fait de ses recherches ou de ses travaux scientifiques. « Cherchez et vous trouverez » : cette sentence du divin Précurseur de tout progrès n'est pas un vain précepte : on dirait en effet que tout ce qui doit servir les besoins de l'homme, en vue de son bien-être, lui a été departi avec une sorte de profusion autour de lui; mais il faut le chercher et le trouver : le travail est la condition de toute découverte; c'est la loi du progrès, et d'un progrès indéfini : l'homme ne saurait en être assez pénétré.

ART. 414. — **Origine des spécifiques.** — Trop généralement on trouve les spécifiques parmi les substances vénéneuses des deux règnes, et c'est là un malheur, puisque l'ingestion dans l'organisme de telle substance qui détruirait la mucédinée, cause de telle ou telle affection morbide, est incompatible avec l'état physiologique de l'organisme ou état de santé. On ne peut, pour cela, l'ingérer au corps de l'homme que dans telle ou telle proportion, laquelle se trouve au-dessous de ce qui serait nécessaire à la destruction de la mucédinée infectionnelle. Par exemple, qui ne sait que l'arsenic serait le spécifique des dartres et des fièvres intermittentes, si son administration, si dangereuse, n'était un obstacle à son emploi. Le soufre et les sulfures, l'iode et les iodures, le mercure et l'antimoine, sont encore des spécifiques d'un incontestable effet; mais leur action sur l'économie est telle qu'on recule souvent à les administrer : on ne les emploie qu'avec une extrême réserve. Deux spécifiques : le fer pour la chlorose (art. 177, 310, 432), les alcaloïdes du quinquina pour l'infection paludéenne (art. 206, 212, 288, 434), paraissent être d'une innocuité presque complète, quand on les combine avec un acide organique; malheureusement, la pharmacologie possède trop peu d'agents de cette nature, et c'est à leur recherche que, depuis plusieurs générations, dans notre famille, nous consacrons nos plus grands efforts. Nous en ferons connaître les résultats (art. 434).

ACRETÉ DES HUMEURS.

ART. 415. — **Préambule.** — Il y a, en dehors de la cause occasionnelle immédiate du rhumatisme, des dartres, des névroses, des affections catarrhales, anémiques et scrofuleuses, etc., cause que nous attribuons à une ou à plusieurs mucédinées, une cause première, un état particulier de nos humeurs qui favorise singulièrement la production et l'entretien de ces cryptogames ou végétaux cellulaires. Et, ce qui le démontre, c'est qu'un même traitement appliqué à ces diverses maladies, si disparates entre elles, en triomphe ou peut en triompher. Prenons pour exemple l'huile de foie de morue, le chlorhydrate d'ammoniaque et nos pilules panchymagogues : que de fois, par l'usage de ces agents, nous avons vu céder : ici une dartre ancienne, là une vieille névrose; ici encore un rhumatisme chronique, un cas de goutte invétérée, un ulcère aux jambes, un commencement d'amaurose, un engorgement glanduleux, une tumeur blanche, etc. ; et, à propos de dartre, aussi bien le *sycosis* du menton que le *trichophyton* ou teigne du cuir chevelu; aussi bien l'*eczema*, ayant son siége au tronc, que le *lichen* de la face ou des mains; aussi bien le *lupus* ou dartre rongeante de la face, que l'ulcère variqueux, etc.! Aussi appellerons-nous cet état de nos humeurs acreté; et nous donnerons l'appellation *dépuratif* aux agents qui, en combattant cet état humoral, peuvent indirectement amener, par leur usage, la cessation ou l'atténuation des maladies qui en résultent.

ART. 416. — **Mode d'action de nos agents dépuratifs.** — Nous ne savons pas bien comment agissent sur nos humeurs certains agents de la matière médicale, et tels que l'huile de foie de morue, les végétaux qui entrent dans la composition de nos pilules panchymagogues; mais il n'en est pas de même du chlorhydrate d'ammoniaque, sel normalement dissous dans nos humeurs, et dont un défaut de proportion dans celles-ci peut amener, on le sent, une rupture dans l'équilibre des fonctions de l'économie. Ne savons-nous pas, en outre, que les divers chlorures, comme le sel marin, sont antiseptiques (1) en dissolution dans un liquide; et, de même qu'une eau qui en renferme une certaine proportion, comme la saumure, est impropre à la vie de telle mucédinée et de la plupart des animaux inférieurs, on conçoit que nos humeurs, lorsqu'elles en tiennent en dissolution dans un certain rapport, soient incompatibles avec la vie dans les deux règnes organiques, et, partant, avec le développement des mucédinées acrophiles (2), telles que celles qui déterminent, par leur existence dans l'économie, les affections chroniques que nous venons d'énumérer. Ceci nous explique encore le bien qu'éprouvent les sujets lymphatiques de l'usage, par la bouche comme en bains, du chlorure de sodium ou sel marin.

TRAITEMENT GÉNÉRAL DES MALADIES CHRONIQUES.

ART. 417. — **Préambule.** — Puisque nous rattachons l'existence des maladies chroniques à cet *état d'a-*

---

(1) *Antiseptique* veut dire : « Qui préserve de la putréfaction ».

(2) *Acrophile* veut dire : « Qui aime l'âcreté ».

creté des humeurs, favorisant la production des mucédinées qui en sont la cause immédiate, le fond du traitement de ces affections pourra être le même pour toutes; et ce traitement général fera l'objet du présent chapitre. Nous consacrerons ensuite un chapitre spécial à chacun des groupes de ces maladies, chapitre dans lequel nous exposerons, pour chaque groupe, la médication complémentaire qui devra s'ajouter au traitement général.

ART. 418. — **Dépuratifs.** — Nous donnerons, tout naturellement, nous l'avons dit, la qualification de dépuratifs aux agents de la matière médicale qui possèdent la propriété d'enlever à nos humeurs cette disposition en vertu de laquelle se produisent, en se développant et se fixant sur les divers tissus de l'organisme, ces mucédinées, cause immédiate des maladies. Nous mettrons de côté tous les agents qui, de la classe des poisons violents, comme l'arsenic, le mercure, l'antimoine, les sulfures alcalins, etc., sont d'un emploi plus ou moins dangereux, pour nous attacher à des produits qui, n'exerçant sur l'économie aucune action malfaisante, peuvent être impunément administrés, pendant des périodes plus ou moins longues. A cet effet, nous les puiserons non-seulement dans le règne organique, mais encore, et le plus souvent, parmi les corps naturels qui préexistent dans l'organisme, comme le chlorhydrate d'ammoniaque, et dont la diminution de proportion dans nos humeurs semble être la cause occasionnelle des maladies chroniques, par la facilité avec laquelle s'y produisent, dès lors, les mucédinées pathogènes (1).

ART. 419. — **Chlorhydrate d'ammoniaque.** — Ce sel, qui préexiste dans nos humeurs, est, avec l'huile de foie de morue, le dépuratif par excellence : aussi doit-il faire la base de toute médication dépurative. La notice jointe à nos pilules de chlorhydrate d'ammoniaque pur en indique le mode d'administration, exposé également art. 297.

ART. 420. — **Pilules panchymagogues.** — Outre que ces pilules, composées de substances végétales, possèdent une admirable action dépurative, elles jouissent, comme pas une autre préparation, de la propriété cathartique; constituant le purgatif le plus doux, le plus constant, le moins fatigant parmi tous les agents connus; si

(1) *Pathogène* veut dire : « Qui engendre les maladies ».

doux et si constant, qu'on peut impunément les prendre aux repas, avec les aliments, sans nuire à leur action. Elles possèdent, il faut le dire encore, la propriété de *pousser à la transpiration* et d'*augmenter la sécrétion urinaire*. Or, si l'on songe que ces trois mouvements de l'organisme ont pour effet de pousser au renouvellement du sang, et d'en expulser indirectement ainsi les mucédinées pathogènes qui le souillent, on comprendra comment ces pilules sont l'expression de tout ce que la matière médicale possède de plus dépuratif. Dès lors s'expliquent les admirables effets d'un traitement dans lequel nous combinons l'emploi de ces pilules avec celui des pilules de chlorhydrate d'ammoniaque. On trouvera à l'art. 298 leur mode d'administration.

ART. 421. — **Résumé du traitement général pour combattre l'âcreté des humeurs, qui favorise la production des maladies chroniques.** — L'emploi des pilules de chlorhydrate d'ammoniaque et des pilules panchymagogues (art. 297 et 298) doit faire la base de ce traitement; mais, dans telle affection, on fera prédominer l'emploi des pilules de chlorhydrate, tandis que, dans telle autre, l'usage des panchymagogues devra, au contraire, prévaloir. Dans la pluralité des affections chroniques, en général, on prendra pendant cinq jours de la semaine les pilules de chlorhydrate à la manière indiquée art. 297; et, pendant deux autres jours, les panchymagogues, comme à l'art. 300. Nous le répétons, on variera, suivant la nature de l'affection à combattre: c'est ainsi qu'on pourra constamment faire usage des pilules de chlorhydrate pendant neuf jours, et, le dixième, recourir à l'emploi des panchymagogues. Réciproquement, on pourrait faire usage des deux préparations pendant des séries égales de cinq à six jours. Nous aurons soin de l'indiquer aux chapitres spéciaux à chaque groupe de maladies.

THÉRAPEUTIQUE SPÉCIALE.

NÉVROSES : NÉVRALGIES, SCIATIQUE, RHUMATISME, GOUTTE; CONVULSIONS, DYSPEPSIES.

ART. 422. — **Généralités.** — Les *névroses* ou

affections nerveuses, qu'elles soient représentées par l'élément douleur, comme dans la migraine, la sciatique, les diverses névralgies; ou par une perversion de certaines fonctions, comme dans la dyspepsie, la paralysie; ou par un mouvement spasmodique, comme la chorée, les diverses convulsions, elles tiennent le plus souvent à une cause première unique, qui est cet état d'âcreté de nos humeurs (art. 415) qui, facilitant la formation, sur les diverses parties du système nerveux, de certaines mucédinées, agit ainsi comme cause déterminante de maladies les plus différentes entre elles par leurs manifestations. Aussi, si ce n'est dans les maladies du tube digestif, comme la gastralgie et l'entéralgie (art. 172, 192), conseillons-nous l'emploi de notre traitement dépuratif, consistant à faire usage, pendant cinq jours de la semaine par exemple, des pilules de chlorhydrate (art. 297); et, pendant deux jours, des pilules panchymagogues, comme nous l'indiquons art. 421.

Art. 423. — **Névroses douloureuses.** — On trouvera à l'art. 253 : « Névralgies, Rhumatisme, Goutte »; à l'art. 254 : « Douleurs intermittentes »; à l'art. 255 : « Douleurs continues »; à l'art. 256 : « Odontalgie, Douleurs de dents »; à l'art. 247 : « Migraine », d'intéressants renseignements sur ces diverses affections. Ajoutons que, dans toutes les maladies où domine l'élément douleur, nos pilules panchymagogues (art. 297, 298) en sont le spécifique, lorsqu'il n'y a point intermittence; car, dès qu'il y a intermittence, à heures prévues, c'est dans l'emploi de nos pilules de quinium ou d'acétate quino-cinchonique (art. 206, 288, 435, 480) qu'on devra chercher la guérison. Nos pilules panchymagogues, lorsqu'il n'y a point intermittence, ont triomphé mainte fois de migraines qui dataient de vingt ans et plus, de névralgies faciales, de douleurs de dents insupportables, de rhumatismes chroniques les plus invétérés, et, par-dessus tout, de l'affection goutteuse, quelle qu'en soit l'ancienneté et l'intensité. Après avoir obtenu le calme de la douleur, par l'emploi des pilules panchymagogues seules, on fera alternativement usage des pilules de chlorhydrate (art. 297) pour attaquer plus spécialement la cause primordiale de la maladie.

Art. 424. — **Douleurs abdominales, avec diarrhée.** — Lorsque, avec ou sans dérangement des fonctions digestives, il se produira une douleur vive dans une portion de l'abdomen, sans qu'il y ait une grosseur dans cette région (symptôme le plus ordinaire de la hernie), l'usage de nos pilules sédatives est encore indiqué (art. 274); mais si, avec cette douleur, il y avait diarrhée, il y aurait lieu, dès lors, de recourir à notre traitement antidiarrhéique (voir art. 166 à 170), comme à notre traitement antidyssentérique (art. 178 à 179), et même anticholérique (art. 127 à 130).

Art. 425. — **Dyspepsies.** — Les dyspepsies, gastralgies, entéralgies, vents, constipation, etc., trouvent leur thérapeutique la plus immédiatement efficace dans l'emploi de nos pilules sédatives et autres agents (voir art. 172); mais rien ne consolidera autant la guérison, pour prévenir les rechutes, que l'emploi de nos pilules de chlorhydrate (art. 297), auquel on ajoutera l'usage des panchymagogues (art. 298, 421), un jour par semaine.

Art. 426. — **Paralysies.** — Elles trouvent leur traitement le plus efficace dans l'emploi de nos pilules panchymagogues, alterné avec celui des pilules de chlorhydrate d'ammoniaque. A l'usage de ces pilules on joint un régime approprié, tel que : diète, abstention totale de toute boisson qui renferme de l'alcool et telle que le vin, le cidre, la bière, les liqueurs de table.

La *goutte sereine, amaurose* des médecins (art. 289 *bis*) est la paralysie du nerf optique : or toutes les amauroses commençantes paraissent céder à l'emploi de notre traitement dépuratif; comme un grand nombre de cas d'amauroses constituées, caractérisées par la perte complète de la vue, ont pu cesser en partie par l'emploi longuement continué de ce traitement (art 421).

Art. 427. — **Convulsions.** — Si une perturbation dans l'important appareil de l'innervation peut être occasionnée par la présence de mucédinées se fixant sur une ou plusieurs des branches nerveuses, sur un ou plusieurs des *plexus* nerveux, elle peut encore et souvent avoir pour cause des entozoaires, et surtout des entozoaires intestinaux, qu'il suffira de chasser du tube digestif pour faire cesser les désordres nerveux : tels sont les maladies convulsives, comme la chorée, les attaques diverses d'épilepsie, d'éclampsie, de nerfs, etc. Nous renvoyons aux art. 139 et 142 pour l'exposition d'un traitement que nous avons vu souvent réussir dans des cas désespérés, ayant résisté à la plupart des médications usuelles en médecine; seulement l'expérience nous a appris depuis peu, et nous nous hâtons de le faire connaître, que la réussite de ce traitement est plus fréquente lorsque, à l'usage des pilules antispasmodiques (art. 139), nous substituons deux boîtes de pilules sédatives, employées à des doses plus élevées que dans les dyspepsies, et telles qu'à raison de quatre à six par jour, au lieu de trois : modification de traitement, du reste, qui ne change en rien le coût de ces divers agents. Dans ce cas, il se produit toujours quelques effets de narcotisme, et tels que dilatation de la pupile, ce qui entraîne un trouble de la vision, hallucinations, etc., mais dont il ne faut pas se préoccuper, puisque tout cela n'est que momentané et cesse avec l'interruption du traitement qui le détermine.

Lorsque, après avoir chassé de l'organisme ces êtres parasites par l'emploi de nos moyens (art. 140), et avoir fait usage de deux boîtes de nos pilules sédatives, on n'aurait pas obtenu un résultat complet, il resterait sans doute la ressource de le répéter, ce qui a réussi parfois ; mais il resterait encore et surtout celle de recourir à notre traitement dépuratif, par l'emploi des pilules de chlorhydrate et des pilules panchymagogues, qui, attaquant le mal dans sa cause primordiale, a produit mainte fois des résultats entièrement inespérés (art. 421).

AFFECTIONS DARTREUSES ET DÉPENDANCES.

Art. 428. — **Description.** — Nous rattachons à la diathèse dartreuse (art. 157) un assez grand nombre d'affections qui sembleraient n'avoir avec cette classe de maladies que peu d'affinité, mais parce que nous le voyons céder au traitement dépuratif (art. 421 et suiv.), qui est le spécifique de ces affections : telles sont les ulcères (art. 277) ; les vieilles kératites et conjonctivites, présentant de la rougeur aux paupières (art. 282). Nous rangeons encore au nombre des maladies qui se lient intimément aux dartres l'état catarrhal de certaines affections, comme le catarrhe de l'urètre et du vagin, produisant l'un et l'autre un écoulement muqueux (blénorrhée, pertes blanches) ; le catarrhe de la vessie ; les fistules lacrymales et anales ; le catarrhe de la poitrine (art. 116), et jusqu'à certaines gastralgies à forme chronique, tous états pathologiques paraissant tenir à des mucédinées qui se fixent à la manière de celles qui produisent les dartres, aux paupières, sur les muqueuses des organes sexuels, comme sur celles de la vessie, des bronches et du tube digestif.

Art. 429. — **Maladie urique : glucoserie.** — C'est encore à des congénères de la mucédinée dartrogène, qui, se fixant sur l'organe sécréteur de l'urine, le rein, ou sur l'appareil glycogénique, le foie, portent une perturbation dans leurs fonctions normales, que nous devons attribuer cet excès d'acide urique ou de sucre dans nos urines, constituant, d'une part, la diathèse urique, d'où la gravelle, la pierre, la goutte, et ces concrétions tophacées dans nos articulations ; d'autre part, le diabète sucré.

Art. 430. — **Traitement des affections énumérées art. 428 à 429.** — Toutes les maladies précitées : dartres et affections qui s'y rattachent, telles que les ulcères, les vieilles ophthalmies et affaiblissements divers de la vue ; les fistules diverses, les écoulements ou catarrhes, le diabète, la goutte, les affections chroniques des reins et de la vessie ; les vieux rhumes de nature catarrhale, comme les vieilles gastralgies et entéralgies, peuvent être avantageusement traitées par l'emploi combiné des pilules de chlorhydrate d'ammoniaque et panchymagogues (art. 421).

A ce sujet, qu'on ne perde point un instant de vue que le fond du régime consistera en l'abstention de toute boisson alcoolique, comme à favoriser la transpiration ; la règle et la sagesse en tout.

HYDROPISIES.

Art. 431. — **Description.** — Nous avons déjà consacré un chapitre aux hydropisies (art. 235 *bis*), et, sans remonter à la cause de ces accumulations de sérosité, nous avons conseillé soit l'emploi de nos pilules d'extrait alcoolique de digitale (art. 311), soit celui de nos pilules panchymagogues (art. 311). Nous devons ajouter que l'usage de notre traitement dépuratif (art. 421) a été très-souvent salutaire, amenant la curation complète de la maladie, lorsque les pilules de digitale précitées, seules, n'avaient obtenu qu'une simple amélioration.

ANÉMIE ; AFFECTIONS DITES DE MATRICE.

Art. 432. — **Résumé.** — Aux chapitres « Anémie » et « Chlorose » (art. 86 et 126), nous avons indiqué nos pilules de lactate de fer comme le spécifique de ces deux affections, qui ne sont pour ainsi dire qu'une ; en effet, il est rare que l'emploi de cette préparation n'aboutis promptement à la guérison, lorsque l'anémie ne tien à une cachexie trop prononcée; mais il est quelques c assez rares où la chlorose, compliquée d'une dysménorrhée, ou même d'une aménorrhée, avec pertes blanches, cède incomplètement à l'emploi des ferrugineux; ou, si elle cède, il reste cet écoulement catarrhal muqueux, dont on ne peut se débarrasser. D'autres fois, il s'y mêle un état de granulation, sorte d'altération du col de l'utérus (matrice) qui est trop souvent le germe, le principe d'une affection ultérieure, grave, de cet organe. Pour ramener les malades à la santé, dans ces cas si fréquents de nos jours, et qui si souvent ont pour effet de raccourcir la vie de sujets le plus souvent dignes d'un grand intérêt, nous ne saurions trop insister sur l'emploi de nos pilules de chlorhydrate d'ammoniaque (art. 297 et 419).

Lorsqu'une malade, digérant mal du reste, éprouvera des douleurs de tête, d'estomac, des étourdissements, des douleurs entre les épaules, des lassitudes dans les jambes; qu'elle aura des pertes blanches, des douleurs dans le bas-ventre; qu'elle sera mal réglée, toutes choses très-fréquentes parmi les personnes de son sexe, nous lui conseillons aussitôt l'usage de nos pilules sédatives (art. 174 et 294). Si, après l'emploi d'une boîte ayant amélioré sensiblement l'état des digestions, il reste des palpitations et que les règles laissent à désirer, nous conseillons dès lors l'emploi de nos pilules ferrugineuses; si enfin, après avoir obtenu la régularité de ces fonctions, il restait encore un écoulement catarrhal connu sous le nom de pertes blanches, il y aurait lieu, dès lors, de recourir à notre médication dont les pilules de chlorhydrate d'ammoniaque sont la base (art. 297, 419). On n'emploierait dans ce cas les pilules panchymagogues que tout autant, et en alternant avec celles-ci, qu'il existerait une certaine constipation.

LYMPHATISME, SCROFULE, TUBERCULOSE, CANCER.

ART. 433. — **Résumé.** — Nous avons donné, aux chapitres consacrés à ces états particuliers de l'organisme (art. 243, 116), les documents les plus intéressants sur leur traitement. Ajoutons que c'est ici le cas de faire prédominer l'emploi du chlorhydrate d'ammoniaque (art. 297), et que, pourvu que le malade aille librement à la selle, on pourrait se dispenser presque de l'emploi des pilules panchymagogues. Cependant leur emploi est nécessaire lors-

...gira de combattre des affections graves se ratta-... à la diathèse scrofuleuse, particulièrement les ...meurs blanches et toutes les affections dans lesquelles ...es articulations et les os sont atteints. Nous pensons que l'usage, pendant cinq jours par semaine, des pilules de chlorhydrate, et de deux jours des panchymagogues, présente la proportion la mieux appropriée dans ces deux emplois.

Nous sommes porté à penser, par une foule d'analogies comme par des faits patents, que notre traitement art. 421 doit être tenté dans les cas de tumeurs mélaniques comme de cancers vrais.

INTERMITTENCE, PÉRIODICITÉ DANS LES SYMPTOMES MORBIDES.

ART. 434. — **Préambule.** — Nous avons exposé, art. 206 et 288, le traitement le plus rationnel, le plus efficace des fièvres intermittentes, comme de toute affection périodique, par nos pilules de quinium soluble (pilules d'acétate quino-cinchonique). Nous croyons devoir compléter ces articles par l'exposition de quelques réflexions importantes à plus d'un titre.

ART. 435. — **Publication de nos travaux.** — Pendant longtemps nous avons tenu nos préparations secrètes, et nous le devions, pour avoir momentanément le monopole d'un produit créé ou amélioré par nous, devant réparer par d'honnêtes bénéfices des malheurs de famille, et dans la vente duquel nous trouvions aussi une juste rémunération, soit à nos labeurs, soit à des sacrifices d'expérimentation, occasionnés par nos recherches. Mais nous le devions encore, et par-dessus tout, parce qu'on nous aurait tenu peu de compte de livrer à la publicité un remède encore peu connu, que nous étions d'ailleurs en voie d'améliorer. Aujourd'hui, outre que nous pourrions nous passer à la rigueur d'une industrie pour vivre, nous avons, ce nous semble, porté cette préparation, comme l'ensemble du traitement des fièvres, à un degré de simplicité et de perfection qui a dépassé nos espérances : aussi rien ne saurait désormais être un obstacle à ce que nous donnions un libre cours aux sentiments qui nous portent à tout faire connaître. Nous considérons cet acte comme un devoir à l'égard de la société, dont nous tirons notre bien-être ; envers Dieu, qui nous a protégé dans nos efforts,

ART. 436. — **Une des conditions de succès du fébrifuge.** — Est-ce à dire que nous allons, pour les motifs qui précèdent, cesser de nous livrer à l'obtention de cette précieuse préparation? Assurément non : car, si nos sentiments de justice veulent que nous trouvions peu noble de garder pour nous une composition qui doit profiter au bien-être général, un mobile tout aussi louable nous sollicite à en continuer la production. En effet, nous sommes convaincu que, si cet agent thérapeutique a obtenu la vogue qu'on lui sait, cela a tenu beaucoup aux soins qui président à son obtention dans la maison, comme à une rigoureuse exactitude dans le mode spécial d'administration. Du jour où les proportions respectives des bases alcaloïdiques qui entrent dans la composition de chacune des pilules, salifiées par l'acide acétique, ne seraient plus celles que nous indiquons, et, à moins qu'on n'achetât les quinquinas fort en grand, et qu'on ne les analysât préalablement, on y parviendrait difficilement : de ce jour, ces pilules perdraient leur supériorité sur les autres préparations. Qu'on juge donc de l'importance que nous mettons, dans l'intérêt général, à ce que ne tarisse point la source à laquelle on pourra toujours en puiser de fidèlement obtenues!

ART. 437. — **Une autre condition de succès du fébrifuge.** — Etant admise l'importance du mode d'administration du remède, ce qui constitue une méthode particulière, rigoureuse pour sa réussite, du jour où cette préparation serait livrée au malade sans une notice, comme le comporte la spécialité, sur ce mode rigoureux de l'administrer, sur les précautions à employer, sur l'opportunité d'en continuer l'usage, etc., on le prendrait mal, comme il arrive si souvent encore, malgré toutes les recommandations que renferme cette notice, et ce serait là la source de très-nombreux mécomptes.

ART. 438. — **Point de remède secret, mais la spécialité en matière de remèdes.** — Si notre dignité personnelle, si notre devoir envers la société, si notre déférence pour le corps médical et pharmaceutique, veulent que nous n'ayons aucun secret, d'autres obligations envers cette société ne veulent point assurément que nous en abandonnions désormais la production au premier venu. Du jour où nous voudrions en agir autrement; du jour où le public et ces nombreux malades que nous avons si souvent guéris, si fréquemment débarrassés d'une affection qui avait résisté à tous autres traitements, ne pourraient plus disposer d'une préparation en tout semblable à celle à laquelle ils ont déjà dû le rétablissement de leur santé, qui les a sauvés parfois d'une mort imminente, de ce jour nous serions assaillis, dans notre demeure, par d'irrésistibles supplications! Aussi, plus que jamais, entendons-nous consacrer à produire cette préparation, comme à l'améliorer encore, s'il est possible, le temps ou la majeure partie du temps que Dieu nous laissera sur cette terre.

ART. 439. — **Infection paludéenne.** — Ce qualificatif *paludéen,* appliqué à un groupe d'affections qui, en langage médical, est synonyme de fièvres intermittentes, tire son étymologie, comme on le sent, du mot latin *palus,* marais, parce que l'observation semble devoir attribuer la cause des fièvres aux émanations des marais. En effet, tant que les terrains bas, peu perméables à l'eau, sont immergés par ce liquide, il semble n'en échapper aucun effluve insalubre; mais, quand ils se découvrent, et qu'ils s'échauffent par l'effet de l'insolation, ces surfaces, se trouvant, dès lors, dans les conditions les plus favorables à la formation spontanée d'êtres organisés ou à des germes, il s'en dégage des miasmes produisant, entre autres maladies, et le plus fréquemment, l'*intoxication* ou *infection paludéenne.* Heureux les habitants de ces parages lorsque cette intoxication se borne à l'infection paludéenne simple, se traduisant par les fièvres périodiques intermittentes régulières, et qu'il ne s'y mêle ni les fièvres rémittentes pernicieuses qui déciment impitoyablement parfois la population des contrées infectées, ni ces fièvres larvées, graves, échappant trop souvent au diagnostic des hommes de l'art, et constituant par cela même une dangereuse affection, ni, à plus forte raison, ces fièvres pseudo-continues des pays chauds, le désespoir de la médecine.

ART. 440. — **Fièvres continues.** — Le public confond trop souvent deux groupes de maladies ayant entre elles une similitude de nom : nous voulons parler des fièvres *intermittentes* et des fièvres *continues.* Le médecin est loin de les confondre, et, s'il attribue la production des fièvres intermittentes ou d'accès, ou fièvres périodiques, ce qui est synonyme, aux émanations provenant de l'altération de la matière organique *végétale,* il est disposé à rapporter la cause des fièvres continues, comme la fièvre muqueuse, la fièvre typhoïde, ainsi que la cause des maladies pestilentielles telles que le *choléra*, à des miasmes d'origine *animale*.

ART. 441. — **Théorie de l'infection.** — Les êtres organisés qui appartiennent à l'échelle inférieure de la création semblent destinés à vivre peu après l'acte de reproduction. Ce grand acte accompli chez le végétal non vivace, il est fatalement voué à la mort. On appelle évolution la période qui s'écoule depuis sa naissance jusqu'à ce qu'il meurt : il y a donc chez ces êtres organisés des évolutions annuelles et bisannuelles, indiquant, comme on le voit, leur durée approximative. Mais on trouve des plantes, parmi les liliacées, par exemple, qui, naissant seulement au mois de mars, cessent de vivre vers la fin de septembre : chez ces sujets l'évolution n'est guère que semi-annuelle. Enfin il est, dans la grande division des plantes acotylédonées, des sujets, surtout dans le groupe des mucédinées, dont l'évolution se produit dans une période de quatre jours, de trois jours, et moindre encore.

Après avoir constaté que le *muguet* des enfants est une production végétale (*Oïdium albicans*) qui se développe sur l'épithélium de la bouche ; que la teigne blanche ou *favus* est un végétal (*Trichophyton*) appartenant aussi à la classe des champignons, qui s'attache au bulbe pileux de la tête ; que la *pourriture d'hôpital* et la diphthérite sont autant de végétaux dont le germe, qui existe à certaines époques dans l'atmosphère, se fixe et se développe sur le derme dénudé ou sur les membranes muqueuses, n'est-il pas presque évident que les maladies pestilentielles sont occasionnées par l'introduction dans nos humeurs, et au moyen de la respiration, de germes de même nature qui, se fixant et se développant, soit sur le tissu des viscères, soit même sur les globules du sang, agissent sur l'économie à la manière des poisons ? Qui peut ignorer d'ailleurs que cette famille botanique des champignons présente les espèces les plus vénéneuses, pour ne citer que la *fausse oronge* et l'*agaric meurtrier* ! Que de fois la simple moisissure du pain a déterminé des coliques et jusqu'à plusieurs symptômes cholériques ! Que d'accidents graves produits par l'usage de grains ergotés !

ART. 442. — **Nature de l'infection paludéenne.** — Et, si nous admettons, avec les savants les plus autorisés, que la peste, le choléra, comme les maladies exanthémateuses et les fièvres continues, doivent leur cause à la fixation, dans nos tissus ou dans nos humeurs, de ces germes de mucédinées dont l'évolution, pour nous servir d'un mot sur la valeur duquel nous nous sommes expliqué, coïncide en général avec la durée de la maladie qu'ils déterminent, ne sera-t-il pas presque évident que les fièvres intermittentes tiennent à une infection de nature similaire, sans être identique, et que, selon l'évolution de la mucédinée productrice des accidents, la fièvre sera quotidienne, tierce, quarte; de même que l'infection simultanée par deux genres différents de mucédinées fébrigènes pourra déterminer des accès doubles-tierces, doubles-quartes, etc.? Nous savons que l'économie a une tendance à se débarrasser des corps étrangers qui la souillent, par un effet de réaction qui constituerait l'accès coïncidant avec le plus grand développement de la plante parasite, qui serait expulsée à chacune de ces crises, mais dont le *mycelium* ou germe subsisterait, pour se reproduire, dans une même période, avec son même développement. Le *mycelium*, nous avons besoin d'expliquer ce mot, est au champignon ce que le bulbe est à la jacinthe, à la jonquille, au narcisse; ce que le tubercule est à la solanée parmentière et au topinambour; bulbes et tubercules qui, tant qu'ils restent enfouis dans la terre, reproduisent constamment ces plantes à évolution annuelle. C'est dans le *mycelium* que se conserve le principe vital de la *mucédinée fébrigène*, à laquelle nous rapportons la production des accès. Or, tant que ce *mycelium* restera fixé sur le tissu de la rate ou du foie, deux sortes de grandes glandes qui sont, comme on sait, plus ou moins atteintes dans les fièvres, il y aura infection, et les accès devront se renouveler. C'est donc à détacher ce *mycelium* de ces tissus, à l'expulser de la rate ou du foie, où il paraît se fixer, que peut consister uniquement le procédé de guérison des fièvres, et c'est en agissant ainsi, nous le croyons, que les préparations que nous obtenons exercent leur salutaire effet sur l'économie.

ART. 443. — **Mode d'action des quinquinas en leurs principes actifs.** — Les quinquinas que nous apporte le commerce du Nouveau-Monde sont, comme on sait, l'écorce des grands arbres de la famille des rubiacées, qui croissent spontanément dans la chaîne des Andes ou Cordillières du sud de l'Amérique. Ce n'est ni par le tissu fibreux inerte que renferme cette écorce, ni par une matière résineuse, ni par divers acides faibles qu'elle contient, qu'elle exerce son action fébrifuge, mais essentiellement par deux alcaloïdes, dont l'un porte le nom de Quinine (ne pas confondre avec le *sulfate* de quinine, que tout le monde connaît), et l'autre celui de Cinchonine. Chacun de ces alcaloïdes, qu'il faut rendre solubles, dans les sucs de l'estomac, si on veut qu'ils exercent sur l'économie toute l'action dont ils sont capables, ont entre eux une grande connexion de propriétés, puisqu'ils sont l'un et l'autre antifébriles; mais ils possèdent chacun des vertus qui leur sont propres ou particulières.

ART. 444. — **Propriétés spéciales à chacun des alcaloïdes des quinquinas.** — Nous considérons que, si une réaction spontanée de l'économie a le pouvoir de détacher du tissu de nos viscères la *mucédinée fébrigène*, comme dans les accès de fièvre, une réaction ou une crise, non plus forte, mais se localisant sur tel ou tel organe, peut en expulser le *mycelium*; et c'est en agissant ainsi que se comporte la quinine salifiée et soluble sur la rate et sur le foie. Quant à la cinchonine, elle jouit de cette même propriété à un moindre degré; mais elle possède en outre cette vertu, non moins précieuse, d'augmenter les forces vitales, et de communiquer ainsi à l'économie le don de produire des réactions plus fortes, car c'est le tonique par excellence. Elle possède surtout encore la vertu spécifique *fébricide*, — qu'on nous passe ce néologisme! — c'est-à-dire qu'elle agit sur le *mycelium* fébrigène comme le soufre sur cette autre mucédinée que nous connaissons tous aujourd'hui, l'*oïdium* de la vigne; comme agit la benzine sur tel ou tel autre mucédinée qui produit le *psoriasis* et tout ce cortége de dartres, toutes affections incurables autrefois, et que les progrès récents de la science semblent indiquer comme d'une guérison possible et souvent facile. Si la quinine est, par le fait des propriétés précitées, plus spécialement *antipériodique*, la cinchonine possède plus particulièrement la propriété tonique, et surtout cette autre propriété spécifique tendant à *détruire les vestiges de ce mycelium de la mucédinée fébrigène*, dont les moindres traces reproduisent ultérieurement les fièvres.

ART. 445. — **Corollaire et conditions essentielles de réussite.** — De ce qui précède nous conclurons rigoureusement, ce nous semble, que chacun des alcaloïdes que renferment les quinquinas (nous ne voulons parler que des deux les plus essentiels) aura son utilité spéciale, et dès lors extrêmement précieuse, quand ils seront rationnellement administrés, à savoir : 1° l'acétate quino-cinchonique, avec prédominance d'acétate quinique, pour produire sur les viscères abdominaux une réaction qui doit détacher des viscères *la mucédinée fébrigène* ; 2° l'acétate quino-cinchonique, avec excès d'acétate cinchonique, *pour mortifier le reste du mycelium* ou germe de ces cryptogames, et prévenir tout retour de la maladie qu'elle détermine.

Tout cela, c'est-à-dire l'expulsion de tout germe produisant l'infection paludéenne, demande comme condition essentielle de réussite : 1° emploi à haute dose d'un des alcaloïdes de quinquina ; 2° emploi prolongé de l'autre alcaloïde ; 3° leur introduction dans l'économie à l'état soluble ; 4° et enfin, pour produire cette solubilité indispensable, emploi d'un acide non-seulement dépourvu des propriétés malfaisantes de l'acide sulfurique (qui entre dans la composition, comme on sait, du sulfate de quinine), mais encore doué de propriétés sédatives, comme l'acide acétique, qui préexiste dans l'organisme, formant avec ces alcaloïdes des composés d'une facile absorption par les vaisseaux chylifères, seule condition de l'assimilation de ces alcaloïdes.

Nous avons *essentiellement pour principe*, dans notre mode de traitement des fièvres, *et avant tout*, non-seulement de n'introduire dans l'organisme aucun agent thérapeutique qui puisse préjudicier à cet organisme par des propriétés malfaisantes ou par une dose trop élevée, mais encore d'y ingérer seulement et toujours des matières bienfaisantes, et à une dose telle que, en la doublant, il n'en pût résulter aucun ébranlement nuisible. Qu'on veuille bien se pénétrer de l'observation rigoureuse que nous mettons constamment à remplir cette importante indication ! Nous sommes convaincu que la dose de principes actifs que renferment nos pilules d'opiat pourrait être doublée sans grand inconvénient. Mais pourquoi l'augmenter quand elle est suffisante ! Quant à déraciner le *mycelium* de la *mucédinée fébrigène* pour détruire toute trace de l'infection paludéenne, nous considérons que nos pilules toniques ne manquent jamais leur effet, mais à une condition pourtant : c'est d'en continuer longtemps l'usage, ainsi que nous l'indiquons.

Quand un malade aura gardé longtemps les fièvres, et que, pour cela, l'infection paludéenne sera profonde, si les traitements qu'il aura suivis ont eu pour base, comme presque toujours, l'emploi du *sulfate* de quinine, qui détermine constamment une inflammation des muqueuses, le malade, par le fait de cet état pathologique du tube digestif, ne pourra compter sur l'intégralité des propriétés de notre fébrifuge, et, pour y remédier, dans ce cas, il ne saurait mieux faire que *d'en prendre consécutivement deux doses*. Sous l'influence bienfaisante du premier remède, les fonctions digestives reprendront l'intégralité de leur activité normale, et ce ne sera que par l'usage du deuxième fébrifuge, qui dès lors pourra être assimilé, que son effet curatif sur l'économie pourra s'y manifester pleinement.

ART. 446. — **Fièvres larvées.** — Dans les contrées fiévreuses, il est assez commun d'observer un genre d'affections qui semblent appartenir à la classe des névroses par les caractères bizarres qu'elles présentent, mais qui, résistant aux traitements qui ont pour base les calmants et les antispasmodiques, offrent un symptôme essentiel pourtant, et dont on ne tient pas ordinairement un compte suffisant : celui d'exacerbations plus ou moins périodiques, dans lesquelles se manifestent soit de la céphalalgie, soit des douleurs à l'épigastre, au bas-ventre, dans les lombes, le long de la moëlle épinière, accompagnées parfois de frissons, quelquefois de chaleur et malaise, de faiblesse, de baillements, de pandiculations, etc. Ces affections, constituant la *fièvre larvée,* cèdent aisément à l'emploi, mais à l'emploi prolongé de notre médication.

ART. 447. — **Symptômes intercurrents d'infection paludéenne dans les affections aiguës.** — Il n'existe point de maladie aiguë qui ne puisse se compliquer d'accès fébriles, présentant la plus grande ressemblance avec les vrais accès de fièvre intermittente, ou tout au moins des exacerbations ou redoublements à heures prévues. C'est au médecin seul à porter sur la nature de ces complications un jugement qui lui permette d'ajouter à la médication générale l'emploi des anti-périodiques, auquel sera souvent attachée la conservation du malade. Nous pensons, avec les hommes les plus autorisés de la science, que l'intervention des préparations quino-cinchoniques dans le traitement des maladies aiguës, devrait être plus fréquente qu'elle ne l'est en général, et que c'est, très-souvent, trop tard qu'on y a recours. Ceci expliquerait comment il se fait que, dans un grand nombre de localités où règnent endémiquement les fièvres continues, comme la muqueuse ou la typhoïde, on considère là nos préparations comme le spécifique de ces affections. C'est que, bien souvent, la complication paludéenne se produit alors que le malade irait mieux du côté de l'affection essentielle; que la complication seule retarde le rétablissement du malade, et qu'il suffit dès lors d'appliquer notre médication pour que la guérison se manifeste par des progrès rapides.

ART. 448. — **Moyens tour à tour employés ou proposés pour combattre l'infection paludéenne.** — Avant la découverte des quinquinas, les fièvres étaient considérées comme une grave affection, puisque la médecine n'avait rien d'efficace à leur opposer. La plupart des hommes de l'art cherchaient, au moyen des vomitifs et des purgatifs, à produire, sur l'économie, une forte secousse, qui avait parfois pour résultat d'amortir les accès; mais à quel prix, mon Dieu! Et que de fois cette méthode perturbatrice échouait! Que de fois aussi cette méthode, employée à l'égard d'un malade qui, déjà affaibli soit par l'affection morbide elle-même, soit par l'effet de saignées repétées, autre méthode longtemps en faveur aussi, n'avait plus la force de résister à cette médication destructrice, et succombait, tantôt sous le coup immédiat du traitement, pendant les vomissements par exemple, tantôt dans la crise d'un accès!

La petite-centaurée, le *chamœdris* ou germandrée, les divers genres, presque tous d'une amertume prononcée, de la famille des *composées*, comme certains chardons, la carline, l'artichaut, l'absinthe, la camomille, la tanaisie, furent tour à tour préconisés. Vint le tour de la ménianthe ou trèfle d'eau, de la gentiane, du houx, de l'orange amère, des écorces de pommier, de noyer, de saule, pour ne citer que les plus efficaces. Nous laissons dans l'oubli des médications tantôt absurdes et sales comme l'administration du foie de loup, du fiel de porc, des excréments de hérisson, d'une araignée vivante; ou dangereuses comme celles qui consistaient à boire une pinte d'eau-de-vie ou de rhum, ou une décoction de coloquinte, médications auxquelles ne résisteraient qu'un petit nombre de malades, pour en venir à la grande découverte, celle de *l'écorce divine*, comme les Espagnols appellent parfois encore le quinquina. Citons pourtant encore, avant, le nom de quelques substances chaudement préconisées, à diverses époques, comme apécifiques des fièvres : le quassia-amara, le simarouba, le winter, la serpentaire de Virginie, le café, l'écorce de tulipier, la noix vomique, le poivre noir, la noix de galle, le paullinia, l'écorce d'olivier, l'écorce de chêne, l'essence de térébenthine, la grande ortie, la feuille de pêcher, le bleu de Prusse, l'ellébore noir, l'impératoire, le marronnier d'Inde, et l'eau de laurier-cerise.

Des hommes instruits, faisant autorité dans la science, ont cru, dans ces derniers temps encore, trouver un succédané du quinquina ou des sels quiniques, soit dans la salicine, soit dans la phloridzine, soit dans l'apiol, soit dans le ferrocyanate de potasse et d'urée, soit et surtout dans les préparations arsénicales. Hâtons-nous de dire que, sauf les préparations d'acide arsénieux, qui, bien maniées, peuvent rendre des services dans la médecine des pauvres à cause de leur bas prix, tout le reste est d'une valeur à peu près nulle. Quant aux préparations arsénicales, elles sont d'un maniement si difficile et si dangereux ; elles exercent chez certaines idiosyncrasies des effets si violents, si effrayants, qu'on finira par en abandonner tout usage.

Art. 449. — **On découvre le quinquina.** — Le nom de quinquina s'applique, on le sait, aux écorces de divers arbres du genre *cinchona*, appartenant à la famille botanique des rubiacés. Le nom latin que lui ont appliqué les naturalistes rappelle celui de la comtesse Cinchon, vice-reine du Pérou, qui, en 1638, guérie des fièvres par l'ingestion de la poudre de cette substance, la fit connaître en Europe, où elle a acquis depuis une si grande célébrité.

Les quinquinas américains, les seuls usités dans la médecine, mais que les Anglais cultivent depuis quelques années dans leurs possessions de l'Inde, et dont les produits ont, depuis quelques mois seulement, fait leur apparition en France, habitent, normalement, la partie centrale de l'Amérique, vers le 4e degré de latitude sud, aux environs de Loxa, au Pérou, dans la Bolivie, dans la Nouvelle-Grenade, dans les contrées de Huanuco, de Lima, etc.

Art. 450. — **Obstacles au progrès.** — Mais les meilleures choses mettent souvent bien du temps à être reconnues comme bonnes : telle est la nature de l'homme, avec des passions qui l'aveuglent ou qui le sollicitent à propager l'erreur ; ce qui a fait dire à notre bon moraliste La Fontaine : « Il est de glace aux vérités ; il est de feu pour le mensonge ». Considérons, en passant, tous les efforts que dut faire le célèbre Parmentier avant de voir se généraliser en France la culture du tubercule qui devait, peu de temps après, préserver de la famine des contrées nombreuses ! Que de temps et de sacrifices de tous genres n'a-t-il pas fallu aux philanthropes pour propager l'usage, dans le même pays, de la vaccine, cette pratique simple, à la portée de tous, qui, paralysant les effets destructeurs d'une meurtrière épidémie, devait sauver annuellement des millions de sujets ! Le quinquina, qu'on doit mettre au nombre des plus importantes découvertes modernes, ne fut point à l'abri des obstacles que semblent rencontrer les plus utiles inventions.

Un édit du roi, provoqué alors par une société savante, alla jusqu'à en proscrire l'usage médical, et cette admirable écorce ne dut plus tard sa réhabilitation qu'à ce que, le monarque tombant malade lui-même, et la Faculté ne pouvant le guérir, on dut faire venir de loin une préparation qui le rétablît rapidement. Mais ce remède était le secret d'un Anglais, Talbot ; et, lorsque l'État, représenté alors par Louis XIV, désirant le posséder dans l'intérêt de la nation et de l'humanité, l'eut acquis de son préparateur, il se trouva, à la honte de ceux qui avaient provoqué l'édit, que la nature de ce remède admirable était précisément celle que frappait cet édit.

Art. 451. — **Quinquinas : leurs sortes principales, leurs propriétés respectives.** — Ne voulant dire des quinquinas que ce qui se rattache à notre objet, nous ferons remarquer que deux sortes essentielles de ces écorces font partie de la matière médicale : le quinquina jaune, dont le calisaya est l'expression la plus pure, et le quinquina gris, dont le loxa ou le huanuco sont le type. Les quinquinas renferment ensemble deux alcaloïdes, la *quinine* et la *cinchonine ;* mais, tandis que la quinine domine dans les quinquinas jaunes, c'est la cinchonine qui prévaut dans les quinquinas gris.

Art. 452. — **Alcaloïdes du genre quinquina : leurs propriétés.** — Les sortes de quinquina les plus actives comme les plus usuelles et les plus précieuses pour la thérapeutique renferment essentiellement, comme le quinquina calisaya et le quinquina gris loxa, deux alcaloïdes, dont l'un, la quinine, prédomine dans les écorces du calisaya, et la cinchonine, qui, réciproquement, prédomine dans les écorces du loxa.

La quinine et la cinchonine, à l'état de pureté ou non salifiées, n'ont jamais guère été prescrites par la médecine française, et avec raison, à cause de leur insolubilité dans l'eau et de leur peu de solubilité dans l'estomac; raison pour laquelle ne pouvait réussir et devait forcément échouer l'emploi du quinium simple. Il ne manquait au quinium, pour être dans de bonnes conditions de réussite, que d'être rendu soluble, ce qu'il était si facile d'obtenir.

ART. 453. — **Propriétés comparatives de la quinine et de la cinchonine.** — De tout ce qui précède et de beaucoup d'autres documents qu'il ne peut entrer dans nos vues de consigner ici, comme des expériences qui nous sont propres ou qui appartiennent à ceux qui nous ont précédé dans notre famille, nous pouvons dire bien haut :

1° L'alcaloïde-quinine a essentiellement la vertu de couper les fièvres, et, bien que la cinchonine la possède aussi, c'est à un moindre degré ;

2° L'alcaloïde-cinchonine possède essentiellement la vertu spécifique de l'infection paludéenne, et à un plus haut degré que la quinine : aussi est-elle moins anti-périodique, mais plus tonique, plus fortifiante.

ART. 454. — **En quel état les alcaloïdes du quinquina doivent-ils être introduits dans l'économie pour y produire leur maximum d'effet?** — « *Corpora non agunt nisi soluta* », a dit l'immortel Linné. Cet aphorisme est vrai en thérapeutique comme en chimie. J'ai vu, dans mon jeune temps, des médecins de l'époque, d'une certaine ignorance en chimie, donner à des chlorotiques des quantités considérables de *safran de mars*, qui est, comme on sait, un hydrate, insoluble, de peroxyde de fer, sans que ce fer fût absorbé, ou à peine, et que les malades en éprouvassent le moindre bien. Venait-on à substituer à cette poudre insoluble l'acétate, le tartrate ou le citrate de la même base, sels plus ou moins solubles, dès lors il y avait absorption, et la chlorose semblait disparaître à vue d'œil. De même, pour l'administration rationnelle des alcaloïdes qui préexistent dans les quinquinas, il faut les salifier, mais de manière à obtenir essentiellement un sel *soluble*. Pour cette raison, les sulfates neutres de quinine et de cinchonine sont inférieurs en activité aux acétates de ces mêmes bases.

Les sels inorganiques de fer se transformant, dans l'économie, en lactate et en acétate, pour que le fer puisse être absorbé par les vaisseaux chylifères, il semblait, ce que l'expérience a démontré depuis, que ces acétate ou lactate devaient être la forme la plus rationnelle sous laquelle il convenait d'administrer ce métal, lorsque s'en présentait l'indication. Il paraît démontré que les alcaloïdes des quinquinas ne sont assimilés ou absorbés non plus qu'en cet état de lactate ou d'acétate.

Les Anglais, pour le motif de solubilité, donnent la préférence au chlorhydrate de quinine sur le sulfate de la même base; mais, dans l'un et l'autre cas, on introduit dans l'économie une base faible, salifiée par un acide fort. Outre que les sulfates et chlorhydrates de quinine et de cinchonine, introduits dans l'économie, ne peuvent être absorbés qu'à l'état d'acétate ou de lactate, ils résistent longtemps à cette transformation, qui a d'ailleurs pour effet de mettre à nu, et de rendre libres, dans les voies digestives, soit de l'acide sulfurique ou huile de vitriol, soit de l'acide chlorhydrique ou esprit de sel, acides corrosifs comme on sait, et à la présence desquels on est forcé d'attribuer ces phlegmasies gastro-intestinales se produisant si fréquemment chez les sujets auxquels on administre le sulfate ou le chlorhydrate de quinine.

Comment l'acide sulfurique n'agirait-il pas comme corrosif de la muqueuse gastro-intestinale, quand on songe à certain fait qui se produit journellement dans les arts industriels, et que nous allons citer, parce que le rapprochement en est saisissant!

Dans l'art du teinturier en étoffes de laine, la couleur noire s'obtient ordinairement en imprégnant d'abord le tissu avec une décoction de tannin, et en traitant ensuite par un sel de fer. Il se forme dès lors un tannate de fer d'un vert foncé, noircissant à l'air. Si, comme sel ferreux, on emploie l'acétate de fer, le drap conserve toute sa flexibilité et sa résistance; si, au contraire, et par économie, on emploie le *sulfate* ferreux ou couperose verte, vitriol vert, la couleur noire en est tout aussi intense, mais le drap est ce qu'on appelle brûlé, car il perd sa flexibilité, et n'a plus aucune résistance à la traction. On le voit, l'acide sulfurique libre exerce dès ce moment son action corrosive sur le tissu; il le brûle, et ces draps n'ont dès lors aucune valeur, pour ainsi dire, lorsque, en employant l'*acétate* de fer au lieu du *sulfate*, ces tissus conservent toutes les propriétés qu'on y recherche. Ne sent-on point la similitude, que disons-nous? l'identité de ce qui se produit dans le corps de l'homme quand on lui ingère des sulfates à base faible, comme la quinine et la cinchonine? L'acide uni à ces bases devenant libre, peu de temps après, on aura, dans les voies digestives, ou de l'huile de vitriol ou du vinaigre libre. Or nous savons que le vinaigre, existant normalement dans ces voies, ne saurait nuire, lorsque l'huile de vitriol est classée justement au nombre des poisons.

La preuve que l'acide sulfurique est considéré comme malfaisant, comme vénéneux, se trouve encore dans nos lois répressives, qui consacrent une pénalité à la fraude du vinaigre par l'addition de cet acide minéral. D'ailleurs, comment n'agirait-il point en corrodant les muqueuses de l'estomac et des intestins, dès qu'il est assez corrosif pour brûler la laine des tissus destinés aux vêtements?

Art. 455. — **Action des acides sur l'économie.** — Orfila, dans son article *Acides*, du Dictionnaire des sciences médicales, nous dit : « Les acides corrosifs introduits dans l'estomac à petites doses agissent avec la plus grande énergie quand ils sont concentrés. La mort, que ces substances déterminent, est le résultat de l'inflammation qu'elles déterminent dans les tissus de ce canal, et de l'irritation symptômatique du cerveau et de tout le système nerveux ».

M. le docteur Fabre, dans son grand Dictionnaire de médecine, nous dit (tome I, page 73) : « Une substance qui ne serait pas absorbée n'aurait pas d'action toxique, ne serait pas un poison; en d'autres termes, les expériences sur les animaux prouvent que les acides corrosifs *tuent d'autant plus promptement qu'ils sont plus délayés, et que leur action locale est moindre.* »

Nous lisons encore dans le même ouvrage, tome I, page 74 : « Il y a des acides qui peuvent être pris tels qu'ils s'offrent dans la nature : tels sont plusieurs acides *du règne végétal*. D'autres ne peuvent l'être impunément : tels sont les acides minéraux. »

Le célèbre Portal a observé assez souvent une maigreur squelettique par un long usage de la limonade sulfurique (qui est de l'eau sucrée légèrement acidifiée par de l'acide sulfurique). L'illustre Boyer a fait la même observation. « Dans ces circonstances, dit encore M. Fabre, il y a une sorte d'empoisonnement lent, déterminé par l'acide sulfurique, et dont le phénomène le plus saillant est la *dé-*

sassimilation ou l'affaissement progressif des tissus. »

Nous le demandons, après de semblables citations, avons-nous besoin d'insister sur les inconvénients d'administrer le sulfate de quinine, dont l'acide (l'acide du vitriol), ainsi que cela est parfaitement établi, devient libre, dans les voies digestives, par l'absorption de l'alcaloïde! Qui pourrait, d'après cela, contester le danger attaché à une longue administration de ce sel? Sans doute, aucun sel quinique ne coupera mieux un accès de fièvre pernicieuse que le sulfate, et c'est quelque chose quand on n'a que cela; mais pourquoi, dans les cas ordinaires, et qui demandent l'usage prolongé des anti-périodiques, n'emploierait-on pas un sel à innocuité reconnue, et surtout des préparations présentant, comme les nôtres, les deux précieux alcaloïdes des quinquinas? Persister à vouloir employer le sulfate de quinine dans le traitement des fièvres intermittentes régulières nous semble aujourd'hui aussi peu raisonnable que de démolir une maison pour en éteindre sûrement l'incendie.

Art. 456. — **Par quels acides convient-il de salifier préférablement les alcaloïdes du quinquina, pour moins fatiguer l'économie?** — Ayant, en principe, résolu la suppression des sulfates alcaloïdiques, pour le traitement des fièvres, nous avons hésité longtemps à faire le choix entre les lactates et les acétates. Disons à la hâte qu'ils sont également bons les uns et les autres. Nous avons, en présence de cette parité de vertus, donné la préférence à l'acétate, dont la préparation est plus simple.

Art. 457. — **Quel est le meilleur mode d'administration des acétates quinique et cinchonique, quant aux époques et aux doses? Méthode à nous.** — L'opinion des médecins est fort controversée dans le choix du moment auquel il convient le mieux d'administrer les préparations qui dérivent du quinquina. Pour ceux de notre famille qui nous ont devancé dans l'étude du traitement des fièvres, comme pour nous-même, le moment le plus favorable est celui qui suit immédiatement la production de l'accès. Cette préférence marquée repose sur une longue expérimentation comparative; elle a aussi ses raisons dans la crainte que, administrées peu avant l'accès, elles n'exercent la réaction qui leur est particulière en coïncidence de l'accès, ce qui pourrait le rendre extrêmement violent.

L'infection paludéenne résiste à une assez forte dose de sels quino-cinchoniques, et ce n'est que par une longue médication qu'on peut en triompher Si l'acétate quinique est l'anti-périodique par excellence, l'acétate cinchonique est le plus précieux des toniques, et surtout des anti-paludéens. Aussi voulons-nous l'alliance constante de ces deux acétates, mais avec cette différence que, dans le début, et pour couper les accès, pour produire un grand effet de perturbation, nous employons l'acétate quino-cinchonique avec prédominance du sel quinique, lorsque, comme moyens préventifs et pour détruire les derniers vestiges de la mucédinée paludéenne, nous donnons un acétate dans lequel prédomine à son tour le sel cinchonique. Ces dernières préparations, sous le nom de *pilules toniques fortifiantes,* doivent être rigoureusement continuées jusqu'à ce que le malade se sente revenu dans toute la plénitude de santé.

On ne guérira, quoi qu'on fasse, que par une administration longue de ces préparations, et c'est pour cela qu'il y a une si grande importance, nous ne saurions trop le redire, à ce qu'elles ne renferment nullement de l'acide sulfurique (huile de vitriol), qui, devenant libre dans l'économie, détermine inévitablement, et comme nous l'avons déjà signalé, une intolérance des voies digestives, qui rend impossible l'administration non-seulement de ce même sulfate de quinine, mais encore des inoffensives préparations acétiques comme les nôtres.

Art. 458. — **Le fébrifuge tel que nous le préparons ; sa composition sincère.** — Ce fébrifuge est représenté par des pilules de deux dimensions : les plus grosses, sous le nom d'*Opiat pour couper les accès,* au nombre de six, renferment, chacune, 20 centigrammes des alcaloïdes qui préexistent dans le quinquina *calisaya,* mais salifiées, dans leur rapport naturel à l'état d'acétate, ce qui les rend solubles, et les présente dans les meilleures conditions d'une rapide assimilation. Les petites pilules, sous la qualification de *toniques,* en grand nombre, contiennent chacune 75 milligrammes des alcaloïdes, également à l'état d'acétate, qu'on retire du quinquina de *loxa.*

Les pilules d'*opiat*, rougies extérieurement pour éviter toute erreur, représentent, comme on le voit, les principes actifs du plus fébrifuge des quinquinas, et elles sont naturellement destinées à couper les accès ; tandis que les petites pilules, offrant, de leur côté, les alcaloïdes rendus solubles de l'écorce du *loxa*, le plus tonique parmi les espèces du genre *Cinchona*, sont appelées à fortifier l'économie pour la garantir du retour des accès.

Afin de grossir convenablement nos pilules, et qu'elles ne s'affaissent point avant leur dessiccation, nous ajoutons à notre acétate quino-cinchonique q. s. de poudre inerte, et telle que celle d'une de nos céréales, préalablement torréfiée, pour en détruire la plasticité.

Cette déclaration sincère sur la composition de notre spécialité était devenue nécessaire, pour qu'on ne pût désormais la ranger au nombre des remèdes secrets. Elle nous permet en outre de fixer le corps médical sur la nature exacte de cette préparation, et de lui donner ainsi la légitime satisfaction de connaître un agent qu'il est appelé à prescrire souvent, et d'autant plus fréquemment que la théorie le lui signalera, plus clairement, comme le premier des anti-périodiques que possède la matière médicale, dans l'état actuel de nos connaissances.

ART. 459. — **Les propriétés de notre fébrifuge.** — Cette préparation présente, on le voit, la plus grande similitude de composition avec le *quinium*, qui a été, comme on le sait, l'objet d'un rapport favorable de la part de l'Académie de médecine. Mais le quinium, tel que l'ont proposé MM. Delondre et Labarraque, ne pouvait répondre et n'a pas répondu, tant s'en faut! à l'attente générale, et cela, tout simplement, parce que les précieux alcaloïdes qu'il renferme, non salifiés, et, partant, peu solubles, ont été peu assimilables dès lors au corps humain, d'une digestion difficile et surtout incomplète.

Notre produit n'aurait-il que le seul avantage d'offrir à la pratique médicale les principes rendus solubles du quinquina jaune calisaya, d'une part, pour couper les fièvres, et, d'autre part, dans le même état, les alcaloïdes qui préexistent dans le quinquina gris de loxa, qu'on s'expliquerait le succès qu'il obtient depuis trente ans, en France et dans les contrées d'outre-mer. Mais la raison qui permet d'administrer à haute dose, et pendant de longues périodes, l'acétate quino-cinchonique, sans qu'il en résulte la production de ces phlegmasies que détermine si souvent l'usage prolongé du sulfate de quinine (à cause de son acide fort, l'acide vitriolique, uni à une base faible), explique encore et surtout ses succès.

Ajoutons à tous ces avantages notre mode d'administration, qui débute par les anti-périodiques et finit par les toniques, méthode que nous devons, comme un grand nombre de nos procédés, à feu J. Gaffard, notre père, ainsi que nous, de son temps, médecin et chimiste; nos soins minutieux dans les opérations; l'emploi d'appareils de notre invention nous ayant valu des récompenses honorifiques; enfin nos ressources pour nous approvisionner en matières premières de qualité parfaite, et nous aurons un complément d'explications, même superflu, à ces succès.

Quel est le praticien qui ne sait que l'usage, surtout l'usage prolongé, du sulfate de quinine a souvent déterminé des gastralgies ou des entéralgies plus difficiles à guérir que l'affection paludéenne pour la cure de laquelle on l'avait administré! Non-seulement il n'y a rien de semblable à redouter par l'emploi de notre médication, mais encore on peut désormais attaquer de front ces phlegmasies diverses liées à l'élément paludéen, ces fièvres larvées, ces fièvres nerveuses, qui ne cèdent qu'à une forte dose d'anti-périodiques et à un long emploi, comme préservatif et tonique, de l'agent par excellence qui préexiste dans les quinquinas du loxa.

Avons-nous besoin de répéter que la cinchonine rendue soluble a été trop méconnue parmi les agents de la matière médicale? et c'est d'autant plus difficile à expliquer qu'elle est la base dominante qui préexiste dans les sortes de quinquina que le Codex et l'Académie recommandent pour la généralité des opérations pharmaceutiques.

Nous ne pensons pas qu'après ces explications il puisse y avoir un médecin de bonne foi, et ils le sont tous, nous le croyons, qui ne reconnaisse théoriquement la supériorité de nos préparations, comme de notre *modus administrandi*, sur les traitements qu'on est dans l'habitude de prescrire.

Nous devons répéter, mais non pour les médecins, qui le savent comme nous, que l'acide acétique que nous unissons aux alcaloïdes insolubles des divers quinquinas pour les salifier et les rendre solubles, est non-seulement d'origine organique, et partant fort assimilable, mais que cet acide faible préexiste, même dans les sucs de l'estomac, appelé qu'il est, de concert avec l'acide lactique, à dissoudre les aliments de l'homme, et à les chilifier pour en faire passer les principes alibiles et bienfaisants dans le torrent de la circulation.

Art. 460. — Avantages de notre fébri-

fuge. — Notre traitement n'assujettit, pour ainsi dire, à aucun soin ni à aucun régime particulier ; il n'empêche point le malade de se livrer à ses occupations ordinaires dès qu'il en sent les forces, ce qui arrive au bout de peu de jours. Il n'implique l'emploi ni d'un vomitif ni d'un purgatif, pas même celui d'une tisane désagréable. Ajoutons cependant que l'usage d'une infusion amère, comme boisson, ne saurait nuire, pas plus que celui d'une petite quantité de vin étendu d'eau, prise au repas, surtout lorsque le malade a commencé l'emploi des pilules toniques.

Ce traitement peut être suivi par les femmes en état de grossesse, par les nourrices, par les vieillards et par les enfants de tout âge, pour lesquels on fractionne le remède, comme nous l'exposons page 30 du présent mémoire ; remède qu'on peut bien administrer aussi en lavement, chez les sujets qui, ayant l'estomac malade, auraient à craindre de les rejeter par la bouche ; mais ce genre d'administration comporte, juste, une dose double du remède qu'on prendrait normalement, et qu'on fait dissoudre (chaque prise) dans une quantité d'eau égale, approximativement, à un verre à boire.

Art. 461. — **Erreurs.** — Il est des personnes qui, très-affaiblies par l'état de la maladie, craignent de prendre la dose du remède qui se rapporte à leur âge ; mais elles se trompent, car, nos préparations étant essentiellement fortifiantes, il en faudrait plutôt une plus forte qu'une moindre dose. Aussi est-ce bien souvent le cas, pour obtenir une cure immédiate, de prendre consécutivement deux de nos fébrifuges au lieu d'un seul. Il est aussi des fiévreux qui, parce que leurs accès sont faibles, pensent guérir avec une fraction du remède, et ils sont également dans l'erreur : car, si ce genre d'accès se coupe avec une certaine facilité, la rechute en est toujours fort à craindre. Qu'on sache bien que c'est en attaquant faiblement les fièvres, et par suite des rechutes consécutives qui en résultent, que se développent les hypertrophies de la rate et du foie, si souvent mortelles ! Heureusement que nos préparations, administrées par deux remèdes l'un à la suite de l'autre et sans interruption, ont presque toujours pour résultat de guérir les obstructions comme l'hyperthrophie de ces viscères.

On voit fréquemment des malades à qui on a coupé les fièvres par de faibles moyens rester longtemps sans pouvoir se rétablir, bien qu'ils n'aient souvent ni accès, ni même ce qu'on appelle des *revers* : ils sont pâles, faibles, tristes, éprouvant plus ou moins de dégoût pour les aliments, etc. On les tire aisément de cet état au moyen d'un de nos fébrifuges *complet*, administré comme s'il y avait de vrais accès de fièvre intermittente. Lorsque, à ces symptômes, se joint une enflure des pieds, sensible le soir surtout, ou une bouffissure de la face, on ajoute à l'emploi du fébrifuge l'usage, en boisson, d'une décoction de feuille verte de céleri ou de cerfeuil, dans chaque litre de laquelle on met à dissoudre un gramme de nitrate de potasse, à prendre dans la journée.

En général, toutes les fois qu'un malade, après avoir eu les fièvres, quelque médication qu'il ait employée, mettra longtemps à se rétablir, qu'il ait ou qu'il n'ait point d'accès, s'il se met à suivre notre traitement, comme s'il avait encore les fièvres, il sera bientôt tiré de cet état.

Art. 462. — **Les succès expliquant la faveur.** — La faveur croissante qui s'attache à nos moyens s'explique, évidemment, en ce que les fièvres qui, traitées par le sulfate de quinine, reviennent ou répercutent au point qu'on ne peut, dans certaines contrées, s'en débarrasser, sont, par l'usage de nos préparations, coupées avec presque certitude d'en éviter tout retour. D'une ingestion facile, elles pèsent rarement sur l'estomac, et ne laissent après elles aucun embarras intestinal. Composées essentiellement de principes toniques, sans être excitants, les malades sentent, sous leur influence, les fonctions digestives rentrer, presque aussitôt, dans leur état normal, et peuvent ordinairement, sans délai, reprendre leurs travaux. Il fallait avoir trouvé un agent capable de couper les accès sans fatiguer l'estomac, employer une médication réparatrice qui, s'attachant à l'affaiblissement que déterminent les accès sur l'organisme, mît rapidement le malade dans un état de force pouvant le faire résister à une nouvelle infection paludéenne.

Art. 463. — **Vin de quinquina.** — Le vin de quinquina, si souvent prescrit en médecine, contient essentiellement les alcaloïdes du quinquina, à l'état de tartrate et surtout à l'état d'acétate, comme dans nos pilules. Chaque litre de ce vin renferme la même quantité de ces principes de vingt de nos pilules toniques. On ne pourra donc mieux faire, quand il s'agira d'obtenir un vin de quinquina de première qualité, ordinairement supérieur à celui des pharmacies, à cause de la difficulté qu'éprouve le pharmacien à se procurer des quinquinas de qualité irréprochable, que de le préparer par une dissolution de vingt à vingt-quatre de ces pilules dans un litre de bon vin. En agitant de temps en temps, ces pilules s'y dissolvent en quelques heures. Ce vin est, dès lors, propre à la consommation, tout louche qu'il est; mais on peut, si on veut, lui donner la transparence, en le filtrant au travers d'un simple tissu de laine, comme flanelle, serge, mérinos, etc. Ce vin de quinquina, d'une efficacité constante, d'un coût relativement minime, d'une confection rapide, présente, en outre, l'avantage de pouvoir être préparé sans addition aucune d'alcool; alcool presque toujours nuisible par lui-même, et souvent désagréable et même insupportable à certains fiévreux, particulièrement aux personnes du sexe et aux enfants. Une boîte de nos pilules, ou 60, envoyée *franco* pour cet usage, est du prix de 3 fr. 75 c. Dans ces mêmes conditions, une demi-boîte est du prix de 2 fr.

Les personnes d'une forte constitution, ou celles vouées aux travaux pénibles, ayant l'habitude de boire une assez notable quantité de vin, et qui, pour cela, auraient une préférence à prendre nos pilules toniques dissoutes dans ce liquide, le pourraient sans inconvénient. Les 15 pilules, qui doivent se prendre tous les cinq jours, seraient mises à dissoudre dans 3/4 de litre de vin, formant dès lors un vin de quinium, dont un demi-verre serait administré toutes les heures, dans la journée, jusqu'à achèvement.

Rien ne s'oppose, non plus, à ce que ces mêmes personnes prennent les six pilules d'opiat, pour couper les fièvres, dissoutes dans trois verres de vin, dont on prendrait, dès lors, un demi-verre toutes les heures, en commençant immédiatement après un accès, chaque demi-verre en remplacement d'une pilule d'opiat. (Voir art. 464.)

Tenues en un lieu sec, ces pilules se conserveront indéfiniment sans altération. Du reste, lors même que l'humidité aurait eu pour résultat de les ramollir, et même de produire un peu d'humidité à la surface, elles ne cesseraient point d'être efficaces.

Art. 464. — **Emploi détaillé de notre fébrifuge.** — Les six pilules rouges d'*opiat* seront administrées aux fiévreux dans un des intervalles des accès. On devra en commencer l'usage dès la fin de l'accès, en prenant d'abord une de ces pilules; puis une autre, d'heure en heure, jusqu'à achèvement des six. Comme il faut rigoureusement éviter leur administration pendant les accès, s'il arrivait que l'accès subséquent se produisît pendant la prise des pilules, on en suspendrait l'usage jusqu'à cessation de cet accès, et, dès lors, pour continuer. Quoiqu'il soit facile d'avaler ces pilules, qu'on place une à une dans la bouche, buvant par-dessus un verre d'eau sucrée ou non sucrée, on peut les envelopper dans du pain azyme, dans de la pulpe d'un fruit cuit, ou dans une confiture quelconque, mais en buvant toujours, par-dessus, le verre de boisson précitée, chaude ou tout au moins tiède. Ces pilules d'opiat coupent subitement toute sorte de fièvre intermittente, qu'elle soit quotidienne, c'est-à-dire se produisant tous les jours; tierce, ou de trois jours l'un; quarte, ou de quatre jours l'un, etc. : aussi le malade qui en a ainsi fait usage n'éprouve plus aucun accès, bien que quelquefois il s'en produise exceptionnellement un encore, mais qui, dès lors, est bien le dernier. — Pour ces pilules, comme pour tout remède, leur administration devra être distante d'une heure au moins des repas, soit avant, soit après.

Lorsqu'on voudra administrer notre opiat dans un cas où les accès n'existent point, soit qu'il s'agisse de prendre consécutivement deux fébrifuges pour consolider la guérison des fièvres, soit qu'on veuille en faire usage comme moyen de se garantir de cette affection, soit même qu'il y ait lieu d'y recourir pour combattre des symptômes vagues de l'affection paludéenne, on en commencerait l'usage dès le matin, à jeun, prenant régulièrement une des pilules toutes les heures, attendant une heure après pour l'ingestion d'un bouillon ou d'un potage, et, deux ou trois heures après, pour recevoir une alimentation plus copieuse.

Les *pilules toniques ou fortifiantes* seront administrées au nombre de quinze, de cinq en cinq jours, en se mettant à leur usage le cinquième jour, après avoir pris l'opiat. On commence à prendre trois de ces pilules dès le matin, et on renouvelle leur administration, par trois toutes les heures, jusqu'à consommation de quinze. Une heure après la dernière prise, on peut se permettre l'usage d'un bouillon; et, deux ou trois heures après, une alimentation plus copieuse. On devra, comme pour les pilules d'opiat, boire, à chaque prise de pilules, un verre ou un demi-verre d'eau sucrée ou non sucrée, non froide, comme doivent être toutes les boissons des fiévreux. — Comme les pilules d'opiat, on peut les envelopper dans du pain azyme, dans de la pulpe de fruits ou dans de la confiture. Les malades qui ne pourraient avaler les pilules obtiendraient le même résultat en buvant de l'eau dans laquelle on les aurait fait dissoudre.

ART. 465. — **Bons effets obtenus par l'emploi du fébrifuge que nous préparons.** — Voir les attestations (art. 215 du présent Petit-Livre).

ART. 466. — **Réflexions.** — Nous devons à la vérité de déclarer que, parmi les lettres que nous recevons, il en est qui sembleraient faire croire au premier abord que nos préparations laissent à désirer dans quelques cas: hâtons-nous de dire que les mécomptes dont il s'agit tiennent presque toujours à ce que les malades ont mal exécuté notre traitement, soit qu'ils aient mal pris les pilules, en ne se conformant point au mode d'administration que nous venons d'indiquer, soit et surtout que, se croyant guéris avant l'achèvement des pilules, ils n'en continuent point l'usage jusqu'à épuisement de la boîte. Nous insistons sur ce point, parce que c'est là que se trouve la principale cause des mécomptes, quoique rares, qui se produisent : le malade va si bien, après les premières prises du remède, qu'il se croit guéri, et néglige, dès lors, une médication à l'achèvement de laquelle est attachée la cure complète des fièvres. Sans doute le fiévreux qui a ainsi tronqué le traitement se remet, dès que se manifestent des symptômes de rechute, à l'usage interrompu de nos agents; mais c'est dès lors quand il n'est plus temps, et qu'il est redevenu nécessaire de tout recommencer. Au lieu de la fatigue, du malaise et des douleurs qu'on éprouve sous l'influence du sulfate de quinine, le malade, dès les premières prises de notre remède, verra son appétit augmenter, les forces lui revenir, la pâleur de la face disparaître, et il se sentira bientôt dans un état de vigueur capable de lui faire braver les intempéries comme de résister à l'infection des effluves pouvant lui redonner les fièvres. Ce n'est donc point de prendre trop de pilules, mais de n'en point prendre assez qu'on doit avoir à craindre, puisque, lors même qu'on en consommerait trois et quatre fois plus qu'en indique la notice, il n'en résulterait aucun inconvénient. Plus on a gardé les fièvres, plus le délabrement qui en résulte est profond, et plus il convient de continuer longtemps l'usage des préparations qui doivent y remédier.

Il faut remarquer qu'on n'a, le plus souvent, recours à nos moyens que dans le cas où le sulfate de quinine a échoué, et que le dépérissement résultant de la longue période pendant laquelle le sujet est resté ou malade, ou sous l'influence d'une médication irritante, nécessiterait alors un plus long usage de nos préparations, tel que l'emploi consécutif de deux de nos fébrifuges, comme certaines conditions de bonne réussite, telles qu'une bonne alimentation, des vêtements chauds, l'abri du mauvais temps ; l'abstention d'un travail au-dessus de ses forces, etc. ; conditions d'autant plus difficiles, chez la classe laborieuse, que le malade, souvent ignorant et malheureux, et d'autant plus pauvre qu'il est resté plus longtemps malade, n'a plus alors à sa disposition aucun des moyens qui pourraient le ramener à la santé, et se borne à l'achat d'un seul remède, quand son état de délabrement en voudrait deux doses consécutives : bien heureux encore lorsqu'il n'est pas contraint par la misère de partager un de ces remèdes avec un membre de sa famille ou son voisin !

ART. 467. — **Recommandation essentielle.** — Deux doses de notre remède, employées consécutivement, sont si peu nuisibles qu'il est une contrée de la Turquie, malheureusement célèbre par les ravages que l'épidémie des fièvres y fit sur notre armée, lors de la guerre d'Orient, où des négociants français de notre connaissance n'ont pu vivre à l'abri des infections paludéennes qu'en continuant constamment notre traitement ; et leur santé s'y est maintenue, comme elle s'y maintient parfaite, par l'effet de cette médication prophylactique.

D'après ces données, lorsqu'il s'agira d'un de ces cas exceptionnels de fièvres négligées ou manquées, qu'on ne balance pas un instant dans l'administration consécutive de deux de nos remèdes ; mais, s'il s'agissait simplement, pourtant, d'un cas dans lequel nos préparations, n'ayant pas encore été employées ou l'ayant mal été, on a à craindre l'insuffisance d'une dose ordinaire, il se présenterait dès lors la question de savoir si, pour triompher de la difficulté, il doit suffire de l'emploi d'un seul remède, ou s'il y a lieu de recourir à l'usage consécutif de deux. Nous avons cherché, avec soin, les symptômes qui pourraient nous faire connaître les cas où l'emploi de deux doses est rigoureusement nécessaire : nous avons le regret de déclarer que nous n'avons pu en trouver *à priori*, mais nous n'en sommes pas moins parvenu à notre but, et voici à quel caractère on reconnaîtra qu'il y a lieu d'administrer consécutivement, et sans autre interruption que celle de cinq jours, un deuxième fébrifuge après un premier : ce sera *lorsque, après avoir employé ce premier, moins les quinze dernières pilules toniques, le malade n'éprouvera pas un bien-être complet*. S'il lui reste alors soit des *revers*, soit une douleur ou pesanteur de tête, une lassitude ou douleur dans les jambes, un embarras ou gonflement dans le ventre ou les côtés, une difficulté de digérer ou un défaut d'appétit, des frissons, une enflure des pieds sensible surtout le soir, ce sont là des signes auxquels on reconnaîtra l'insuffisance d'un premier remède et la nécessité d'un second dont l'usage devra recommencer, *nous ne saurions trop le redire*, cinq jours après l'achèvement des dernières pilules toniques du premier. De là l'importance d'être approvisionné à temps de deux remèdes, lorsque l'éloignement d'un débit de ces préparations ne permettrait pas de disposer à volonté d'un deuxième, si nécessaire immédiatement.

ART. 468. — **Divers états morbides au traitement desquels s'applique notre médication.** — Nous l'avons déjà dit, il est des états dans lesquels, bien qu'il n'y ait point d'accès réglés, on est cependant sous l'influence d'une affection paludéenne dont triomphent aisément nos préparations ; mais elles sont réciproquement indiquées dans les cas où, sans qu'il y ait des frissons, de la chaleur, de la sueur, de la douleur de tête, de la soif, etc., il y a seulement des symptômes périodiques ou intermittents. Qu'un malaise ou une douleur quelconque se produisent tous les jours, tous les deux ou tous les trois jours, à une heure réglée ou prévue, quel que soit ce malaise, quelque partie du corps où cette douleur ait son siége, comme à une dent, à une tempe, à une oreille, etc., on aura affaire à une de ces affections dans lesquelles ces préparations sont le mieux indiquées. (Voir, art. 466, « Fièvres larvées. »

ART. 469. — **Propriétés prophylactiques du fébrifuge, dues à son innocuité sur l'économie.** — Les expériences faites, à notre instigation, dans les contrées où les fièvres sont endémiques, comme dans les Dombes, dans les Marais-Pontins, dans la banlieue de Madrid, etc., démontrent que nos préparations administrées annuellement, comme moyen de préservation des fièvres, aux sujets les plus disposés à les contracter, les en garantissent pendant une période plus ou moins longue, et en raison de la quantité administrée. Nous nous faisons un devoir de publier ces résultats, persuadé qu'on pourrait faire une utile application de cette propriété dans les contrées nombreuses où les fièvres enlèvent, tous les ans, un grand nombre de bras aux travaux agricoles. (Voir art. 215 *bis*.)

ART. 470. — **Nécessité d'allier l'emploi du stramonium à celui de notre fébrifuge, pour en supporter l'administration, dans des cas de phlegmasie du tube digestif, déterminée par l'emploi du sulfate de quinine.** — Lorsque, à la suite de l'administration plus ou moins prolongée du sulfate de quinine, il se sera produit une de ces gastralgies qui sont un obstacle, à cause des vomissements ou d'une intolérance de l'estomac, à l'emploi de notre antipériodique, nous possédons des *pilules sédatives* qui, administrées concurremment avec notre fébrifuge, en rendent ordinairement l'usage parfaitement supportable, et permettent, dès lors, d'aspirer à la cure d'une affection trop souvent mortelle. Ces pilules sédatives sont délivrées par nous, au même prix de 6 francs, et envoyées, comme le fébrifuge, *franco*, à toute adresse. La boîte en renferme 90, qui seront prises, comme l'indique la notice qui y est jointe, au nombre de trois par jour, et jusqu'à achèvement de la boîte. Quant au fébrifuge, dont deux doses consécutives seront, dans ces cas, indispensables, on en commencera l'usage comme l'indique la présente notice, mais seulement à partir du huitième jour de l'administration des pilules sédatives. Dès ce moment, les deux remèdes (pilules sédatives et fébrifuge) seront administrés, chacun suivant sa notice respective, sans préjudice l'un de l'autre, et jusqu'à ce que les 90 pilules sédatives soient épuisées, époque à laquelle on se bornera au seul usage du fébrifuge.

Nous n'employons aucun remède secret, et la notice jointe aux pilules sédatives en indique l'exacte composition : disons tout de suite qu'elles renferment 3 centigrammes d'extrait de stramonium obtenu dans le vide, par un de nos appareils nous ayant valu une médaille d'argent à l'exposition de Toulouse, section des Arts chimiques.

ART. 471. — **Appropriation de notre fébrifuge au traitement des fièvres, chez**

les enfants. — Voir art. 480 pour le prix actuel du fébrifuge aux enfants, comme pour adulte.

ART. 472. — **Régime des fiévreux ou fébricitants.** — Nous omettrions une chose pour ainsi dire obligée, dans notre présent travail, si nous ne consacrions un article au régime des fiévreux ou fébricitants. Et cependant il n'en est point de rigoureux, quand on fait un usage de nos préparations, à moins d'enfreindre les règles les plus élémentaires de l'hygiène. Aurons-nous besoin, par exemple, de prescrire des vêtements chauds, plus particulièrement de laine; d'éviter le froid aux extrémités, les courants d'air, de boire froid, et les causes auxquelles on doit attribuer plus particulièrement la production de la maladie? Tout le monde en sentira presque l'inutilité. Il sera presque superflu encore de conseiller une nourriture azotée et digestible, comme l'usage de bons potages gras, des viandes fraîches et des œufs, de préférence aux légumes et surtout aux fruits crus, dont on peut cependant user quand ils sont mûrs, mais avec du pain. Un peu de vin dilué avec de l'eau, le café à l'eau ou au lait, ne seront pas nuisibles, lorsque l'estomac digèrera facilement. Mais toutes ces précautions seraient inutiles si on ne prenait exactement nos préparations, et cela, assez longtemps; faudrait-il deux et trois remèdes consécutifs, jusqu'à ce que le malade se sente avoir recouvré l'intégralité ou plénitude de ses forces, et dans l'état où elles se manifestaient avant la maladie.

Pour la continuation rationnelle du traitement. — Avant de recommencer l'usage d'un nouveau fébrifuge, il est de la plus grande importance de ne point attendre la réapparition des fièvres; mais, sans en cesser l'usage, de recommencer, cinq jours après avoir pris les 15 dernières pilules toniques du premier, si, au moment d'avoir épuisé cette première boîte de pilules toniques, le sujet n'a recouvré l'intégralité des forces qui constitue l'état de santé. N'y aurait-il encore que pesanteur dans les jambes, que douleurs de tête, ou pâleur de la face, gène dans les hypocondres, au-dessus des côtes, ou frissons légers, ou chaleurs à certains moments réglés, ou seulement malaise, qu'il y aurait lieu de recommencer l'usage de ce fébrifuge, comme si on n'avait rien fait. A plus forte raison y aurait-il lieu d'en reprendre l'usage s'il y avait encore quelques accès ou seulement une douleur périodique à une partie ou région quelconque du corps.

Pour éviter tout mécompte. — Lorsqu'un malade, se sentant pris des fièvres, emploie immédiatement notre remède entier pour les couper, *nous n'avons jamais vu d'irréussite ;* mais les mécomptes sont fréquents quand on n'a recours à cette préparation qu'après avoir pris du sulfate de quinine, qui, ainsi que nous l'avons déjà démontré, a toujours pour effet de produire un état inflammatoire de l'estomac et des intestins. Aussi, dans ces cas fréquents, y a-t-il assez souvent nécessité de prendre, consécutivement, plusieurs remèdes, tout en les administrant rigoureusement, comme l'indique la notice. Nous insistons donc pour la prise d'un nouvel *entier* remède, cinq jours après l'achèvement du premier, si, nous le répétons, l'économie n'a repris complétement sa vigueur normale. On s'exposerait, en ne procédant point ainsi, à l'obligation d'en ingérer un troisième, etc.

Comment qu'il en soit des imprudences ou des négligences de la part des malades, qu'on se persuade bien que le moindre préjudice à la santé ne peut résulter de l'administration consécutive de plusieurs de ces remèdes, qui, quelque soit la durée de leur administration, ont toujours pour effet de fortifier l'économie sans pouvoir jamais lui nuire en quoi que ce soit. Quant aux fièvres, leur nocuité à l'économie est en raison de leur ancienneté. On ne saurait donc, comme à un incendie, leur porter assez tôt des secours, et, parmi ces secours, les plus efficaces que nous offre la science dans son état présent.

Art. 473. — Diverses autres affections auxquelles s'applique l'administration de nos pilules d'acétate quino-cinchonique.

Scorbut, Gangrène sénile, Rupia. — On ne saurait croire avec quelle supériorité agissent ces pilules dans le traitement de ces trois affections sur tous autres traitements connus. Le mode d'administration en est le même (art. 464) ; cependant, quelques médecins de nos amis ont obtenu un excellent résultat en administrant, *tous les jours*, une partie de ce remède, à savoir : une pilule d'opiat tous les jours, ou trois pilules toniques dans le même temps. On les prend entières ou dissoutes dans un demi-verre de vin doublé d'eau, sucré ou non sucré, à distance d'une heure des repas, avant ou après.

TARIF DES PRODUITS DE M. AUG. GAFFARD POUR LE CONSOMMATEUR.

PRÉAMBULE.

ART. 473. — Depuis l'impression de ce qui précède du présent Petit-Livre, les lois et règlements qui régissent les transports par grande vitesse ou par la poste ont subi à plusieurs reprises des modifications diverses qui nous décident, pour en exposer l'état actuel, à terminer cet opuscule par un tarif général de nos produits pour le consommateur, où chacun trouvera exposé, avec le prix de ces objets, le mode le plus simple, comme le plus sûr, pour se les procurer rapidement.

PRODUITS PHARMACEUTIQUES.

ART. 475. — **Moyen de se les procurer.** — Les préparations pharmaceutiques de provenance des laboratoires de M. Gaffard, chacune accompagnée d'une notice sur les cas et le mode de leur administration, formant autant de spécialités pharmaceutiques déjà à grand renom, sont celles dont suit la liste, rangées par ordre alphabétique. Il *suffira d'en envoyer le prix*, ci-indiqué, à M. Aug. Gaffard, à Aurillac, pour que, en échange, et par le retour du courrier, la spécialité désirée, accompagnée d'une instruction détaillée, fasse route par la poste, et *franco*, pour le domicile désigné, de France, de Corse ou d'Algérie, serait-ce dans le plus humble hameau. (Voir, comme complément, art. 500 et suivants.)

PATE DIGESTIVE ET PECTORALE.

ART. 476. — **Pâte de lichen, réglisse, tolu et suc de laitue, spécifique des états inflammatoire, nerveux et catharral, du tube digestif (bouche, arrière-bouche, estomac et intestins) et de l'appareil respiratoire (larynx, bronches, poitrine et cœur).** — Quiconque a une idée exacte de la thérapeutique, dans l'état actuel de la science, reconnaîtra sans peine que cette pâte renferme les agents les plus précieux de la matière médicale pour combattre les phlegmasies simples, nerveuses ou catarrhales.

Qui ignore, par exemple, que le *lichen* fait la base des préparations les plus estimées pour le traitement des affections des bronches, de la poitrine, de l'estomac et des intestins? Le grand Linné et le savant Scopoli constatèrent les premiers ses vertus spécifiques dans les graves affections de la poitrine. Après eux, Tromsdorf, Bergius, Saint-Martin, Murray, lui consacrèrent de longues expérimentations et de savants écrits. Crichton, Schoneier et Quarin en signalèrent les propriétés antiphlogistiques sur les organes de la digestion. Le Codex, résumé de l'opinion générale des savants sur la valeur des produits de la matière médicale, le classe au nombre des plus importants.

La *réglisse*, représentée par l'extrait de la *réglisse glabre*, obtenu par les procédés qu'indiquent les derniers progrès de la science, est « un des plus puissants béchiques que possède la matière médicale », nous dit Pline. Coxe lui attribue les plus précieuses vertus, dans les affections de l'estomac et des intestins ; comme Mérat et Delens, nos savants thérapeutistes modernes, en font le plus grand cas. Le Codex, enfin, la met au rang des plus précieux agents.

Le *baume de Tolu*, résine qui découle du *Myrospermum toluiferum*, a fait l'objet des plus remarquables travaux de Linné, de Ruiz, de Lambert, de Humboldt, de Richard, de Sprengel, etc. Il est considéré par les anciens thérapeutistes comme un des plus précieux agents de la matière médicale. Non moins apprécié des modernes, il fait la base de maintes formules, inscrites en première ligne aux divers Codex qui se sont succédé depuis la révolution, et qu'a été chargé de rédiger, par l'Etat, l'élite des médecins et pharmaciens, membres de l'Académie.

Quant au *suc laiteux* qui découle de la laitue montée, par l'effet d'incisions, qu'on l'appelle *thridace, lactucarium,* ou simplement *suc concentré,* il fait l'objet des plus belles citations d'Hippocrate, de Galien, de Pline et de Celse. Les modernes, comme Coxe, à Philadelphie ; Duncam, Scumadore et Anderson, en Ecosse ; Barbier, Bidault de Villiers, François, en France ; Collin et Schelniger, en Allemagne, en ont fait le sujet de très-remarquables travaux : tous s'accordant à le reconnaître comme doué de la plus merveilleuse propriété pour combattre les affections des voies respiratoires, y compris le catarrhe pulmonaire, ainsi que la phthisie, et pour régulariser les importantes fonctions de la digestion, comme de l'assimilation. Aussi les divers Codex qui se sont succédé ont-ils constamment rangé ce produit parmi les plus remarquables de la matière médicale. « Dans les affections nerveuses, nous disent Mérat et Delens, cette préparation est également prescrite avec avantage. » Galien en usait lui-même pour se procurer un sommeil doux et réparateur. Suétone rapporte « qu'on éleva une statue à Musa, médecin d'Auguste, pour avoir guéri cet empereur de la mélancolie à laquelle il était sujet, en lui administrant cette préparation ». La mélancolie tient, on le sait, à un état inflammatoire-nerveux du tube digestif.

Toutes ces admirables propriétés constatées, il fallait, après avoir dosé les proportions relatives de ces divers agents, pour en constituer une pâte sédative et antiphlogistique, pouvant convenir à la généralité des diverses affections peu graves des appareils digestif et respiratoire, si sujets aux phlegmasies, arriver au meilleur mode de traitement chimique, en vue d'en conserver ou d'en développer les propriétés bienfaisantes : et c'est vers ce but qu'ont tendu, pendant quelque temps, tous nos efforts. Il ne s'agissait pas de produire, comme dans le domaine de la confiserie, un produit simplement à aspect attrayant et à goût agréable : il fallait encore, et par-dessus tout, joindre à ces qualités celle d'une efficacité réelle, puissante, pour l'opposer à une foule d'indispositions peu graves en apparence, mais qu'il s'agit d'enrayer à leur début, conjurant ainsi tout danger; lorsque, par l'effet d'une négligence trop fréquente, elles dégénèrent en affections d'autant plus dangereuses que, par leurs symptômes primordiaux bénins, on est porté à croire que rien ne presse à les combattre.

Que de fois des rhumes faisant croire à une simple bronchite, dont aurait eu facilement raison l'usage de notre pâte, ont dégénéré en phthisie pulmonaire, si souvent mortelle! Que de fois encore un enrouement qui eût cédé à l'emploi de ce bonbon, auquel on aurait joint une hygiène appropriée, a été le point de départ d'une affection tuberculeuse du larynx, presque toujours incurable! Que de fois, encore et enfin, de simples difficultés de digérer, accompagnées de cardialgie ou douleurs d'estomac, dont aurait facilement triomphé notre agréable médication, ont été les avant-coureurs du squirrhe ou cancer de l'estomac, toujours fatal à celui qui le porte!

Outre que l'emploi de ces pastilles, à goût balsamique très-agréable, est d'un effet presque immédiat sur la manifestation des premiers troubles des grandes affections précitées, se produisant à la bouche, à la gorge, aux amygdales, à l'estomac, aux intestins, au larynx, aux bronches, à la poitrine et même au cœur; outre encore qu'elles facilitent au suprême degré les fonctions digestives, prévenant ou détruisant les aigreurs et les vents, elles sont d'une constante efficacité pour prévenir la fatigue du larynx chez le prédicateur, chez le professeur, chez l'avocat et chez tous les hommes obligés à porter longtemps la parole.

Les chanteurs se trouveront très-bien encore de l'usage de notre remède-bonbon, soit pour fortifier l'organe, soit pour le débarrasser de ces mucosités filantes qui, en adhérant aux plis de la glotte, sont un obstacle à leur libre vibration.

Il assainira manifestement, chez tout le monde, l'espace buccal, exhalant, trop souvent, une respiration aigre ou putride, et prédisposera le corps à un sommeil de la nuit, calme et réparateur, le seul qui puisse efficacement le délasser des fatigues morales ou corporelles de la journée.

En régularisant les fonctions digestives, cette pâte prévient ou fait cesser les flatuosités ou rapports nidoreux; ces pesanteurs de l'estomac, et ces engourdisssements ou ces étourdissements, symptômes d'une mauvaise ou paresseuse digestion.

Les asthmatiques s'en trouvent bien.

Rien n'est plus propre, en outre, que l'usage de ce bonbon pour le rétablissement rapide des convalescents, à la suite d'une maladie quelconque.

ART. 477. — **Mode d'administration.** — On peut manger ces pastilles comme un bonbon, ou mieux les laisser se dissoudre simplement dans les liquides de la bouche.

La dose variera, dans les vingt-quatre heures, suivant l'âge et l'état des malades : depuis vingt jusqu'à quarante pastilles; mais on pourrait, sans inconvénient, en augmenter le nombre, et jusqu'à l'entière boîte, dans les vingt-quatre heures. On mettra, autant que possible, un intervalle de quinze minutes entre l'administration des pastilles et la prise des aliments, soit avant, soit après.

ART. 478. — **Régime.** — « Combien le régime présente l'importance dans la curation des maladies, » nous dit le père de la médecine, Hippocrate. Dans les affections qui nous occupent, il faut veiller par-dessus tout à l'essentielle fonction de la transpiration. Ne la contrarier en rien, et la favoriser toujours ; maintenir les extrémités constamment chaudes, faudrait-il se couvrir de laine ; éviter les courants d'air ; manger peu, se levant toujours de table avec un restant d'appétit ; point ou peu de vin ; aliments nutritifs et de facile digestion. La sobriété et la règle en tout.

Art. 479. — **Approvisionnement.** — Le prix de la *Pâte pectorale et digestive* de Gaffard est, rendue *franco,* de 1 fr. 25 la boîte, ou de 3 fr. les trois boîtes, nombre au moins nécessaire pour en ressentir les bons effets.

FÉBRIFUGE-GAFFARD.

Art. 480. — **Fébrifuge-Gaffard : pilules d'acétate quino-cinchonique (Quinium soluble).** — Spécifique de l'infection paludéenne, des fièvres intermittentes et de toute affection périodique ; cette préparation, demandée aujourd'hui, comme on sait, de tous les points du globe, parce qu'elle est l'expression de ce que la science possède de plus parfait, n'assujettit à aucun soin ni régime particulier, n'empêchant point le malade de se livrer à ses occupations ordinaires, dès qu'il en sent les forces ; n'impliquant l'emploi ni d'un vomitif, ni d'un purgatif, etc. Se vend, accompagnée d'une notice claire et détaillée, renfermée dans un étui, avec les pilules d'opiat et les pilules fortifiantes, rendue *franco*, à tout domicile (voir art. 475), et d'après les tarifs postaux modifiés, savoir :

Fébrifuge pour adultes, ou à partir de 14 ans et au-dessus, 6 fr.

Fébrifuge pour enfants de 11 à 13 ans, 5 fr. 50 c.
Fébrifuge pour enfants de 8 à 10 ans, 4 fr. 50 c.
Fébrifuge pour enfants de 6 à 7 ans, 3 fr. 50 c.
Fébrifuge pour enfants de 4 à 5 ans, 2 fr. 50 c.
Fébrifuge pour enfants de 3 ans, 2 fr. 25 c.
Fébrifuge pour enfants de 2 ans, 2 fr.
Fébrifuge pour enfants d'un an, 1 fr. 75 c.
Les six pilules d'opiat, envoyées séparément, 2 fr. 50 c.
Les soixante pilules toniques, envoyées séparément, 2 fr. 75 c.

Que le malade croie devoir faire l'achat simultané de

deux fébrifuges, dans la salutaire pensée que leur usage consécutif assurera la guérison, et que, loin de nuire, cet usage *est toujours bienfaisant*, ou que, après avoir fait usage d'un premier fébrifuge, il en vienne ultérieurement à l'achat d'un deuxième, pour en continuer ou reprendre l'usage, le prix de chacun de ces fébrifuges reste toujours le même. Outre qu'un grand nombre de malades prennent mal ce remède, ce qui suffirait à expliquer les mécomptes, quoique rares, qui se produisent, on ne saurait trop en continuer l'usage, dans les cas de complications diverses, ainsi, du reste, que l'expose la notice jointe au remède, dont on ne saurait trop se pénétrer. (Voir art. 206, 212, 288 et 435.)

PILULES ANTIASTHMATIQUES.

ART. 481. — **Pilules antiasthmatiques.** — Ces pilules, spécifique de l'asthme, des palpitations de cœur et de tout rhume chez les vieillards, des hydropisies, etc., s'expédient *franco* (voir art. 475), avec instruction à l'appui, en échange de 6 fr.

Le fumigatoire pectoral, dont les émanations ignées sont le calmant par excellence des bronches, qu'elles dilatent, facilitant ainsi la respiration, s'expédie également *franco* (voir art. 311), en échange de 1 fr. 50 c.

PILULES DE CHLORHYDRATE.

ART. 482. — **Pilules de chlorhydrate d'ammoniaque pur ou dépuratives.** — Ces pilules, spécifique de la scrofule, de la tuberculose et de toute affection provenant du lymphatisme (art. 297), sont adressées *franco*, à toute résidence (voir art. 475), en échange de 6 fr. les deux boîtes.

Par suite de l'élévation des tarifs postaux, comme des difficultés attachées à l'envoi des objets fluides ou mi-fluides, les pommades diverses indiquées dans le *Petit-Livre de la Santé* ne seront adressées à domicile, et par cette voie, à moins de la transmission à M. Gaffard d'une somme de 3 fr. pour chaque pot ou boîte.

PILULES DE CYNOGLOSSE.

ART. 483. — **Pilules de cynoglosse opiacées.** — *Les pilules de cynoglosse*, renfermant à la fois les alcaloïdes calmants de l'opium et de la jusquiame, les principes antispasmodiques du *castoreum* et de la myrrhe, sont le spécifique de toutes les affections non aiguës de l'appareil respiratoire, etc.; pouvant prévenir, prises à temps, les graves et trop souvent mortelles lésions, si fréquentes, de la poitrine, etc. (art. 313).

Les pilules de cynoglosse sont encore indiquées dans les phlegmasies du tube digestif, surtout quand il y a diarrhée. Aussi, administrées dès les symptômes prémonitoires de la dyssenterie et du choléra, sont-elles le plus efficace des préservatifs de ces deux redoutables épidémies. Elles s'expédient *franco*, à toute résidence (voir art. 375), à raison de 6 fr. la boîte de 80, accompagnées d'une instruction sur leur emploi.

Lorsque, à ces pilules, on joint les agents de la médication, complexe, contre le *catarrhe pulmonaire*, le prix de l'ensemble, rendu *franco* (voir art. 313, 475), est de 20 fr.

PILULES DE LACTATE DE FER.

ART. 434. — **Pilules de lactate de fer pur (antichlorotiques).** — Ces pilules, spécifique de toutes les affections dans lesquelles le sang manque de fer, telles que les pâles couleurs, les pertes blanches, etc. (art. 177, 310), sont transmises *franco*, accompagnées d'une préparation laxative pour maintenir la liberté du ventre que resserre l'usage des ferrugineux, avec notice à l'appui, en échange (voir art. 475) de 6 fr.

PILULES D'OPIUM ET CACHOU.

ART. 485. — **Pilules d'opium et cachou (antidiarrhéiques).** — Ces pilules sont le spécifique des diarrhées chroniques et rebelles (art. 170). Elles sont adressées, *franco*, avec une notice sur leur administration, à tout domicile, en échange (voir art. 475) de 6 fr. la boîte de 100.

PILULES PANCHYMAGOGUES.

ART. 486. — **Pilules panchymagogues, contre les humeurs.** — Cet adjectif *panchymagogue*, qui veut dire, en langage scientifique, « qui expulse toute humeur », s'applique à des pilules qui, officiellement approuvées, possèdent la propriété de combattre les diathèses rhumatismale, goutteuse et dartreuse;

les congestions, surtout les congestions à la tête ; pouvant prévenir l'apoplexie, par l'usage, etc. (voir art. 298).

Elles constituent en outre le moins désagréable à prendre de tous les purgatifs, comme elles en sont le plus doux et le plus sûr, par leur constante et régulière action sur le tube digestif. Leur effet sur les intestins est si peu irritant qu'on peut impunément les prendre avec les aliments des repas : et c'est ce mode d'administration le mieux approprié pour combattre ces constipations opiniâtres, qui ont résisté à tous les agents de la thérapeutique. — La boîte de pilules panchymagogues, argentées avec soin pour en masquer tout mauvais goût, renfermant une notice sur les cas et le mode de leur emploi, s'expédie *franco* (voir art. 475), en échange d'une valeur de 6 fr., transmise d'avance.

PILULES SÉDATIVES.

ART. 487. — **Pilules sédatives, calmantes (de stramonium).** — Ces pilules sont le spécifique des dyspepsies, des gastralgies, des entéralgies et des névroses. — La boîte de 90 pilules, accompagnée d'une instruction, s'envoie *franco* à toute adresse (voir art. 375), en échange de 6 fr. — Les mêmes pilules, auxquelles on joint des pilules aloétiques et des pastilles de Vichy, pour constituer le *traitement antigastralgique* (art. 174, 294), sont dès lors du coût de 9 fr. — Enfin, lorsqu'elles sont unies, en grand nombre, aux vermicides, comme la santonine et le kousso, pour constituer le traitement contre les convulsions épileptiformes ou autres, le prix du tout est de 24 fr., rendu à domicile. (Voir art. 475.)

POUDRE DENTIFRICE.

ART. 488. — **Poudre dentrifice et désinfectante.** — Cette poudre, qui blanchit les dents sans endommager l'émail ; qui raffermit les gencives (art. 304) comme les muqueuses, et assainit la cavité buccale, s'expédie à toute résidence, en échange de 2 fr. (voir art. 475). — Lorsqu'il y a lieu d'assainir les fosses nasales pour détruire l'ozène, et qu'on joint à la poudre dentrifice six paquets de chlorate de potasse et des pastilles de charbon, il y a lieu d'ajouter au prix de la poudre (2 fr.) 3 fr. pour celui des six paquets, et 1 fr. 50 c. pour celui des pastilles.

TAFFETAS VULNÉRAIRE.

ART. 489. — **Taffetas vulnéraire calmant.** — La carte de ce taffetas, revêtue d'une étiquette qui en indique les nombreuses ressources, comme la supériorité qu'il a sur le taffetas d'Angleterre (art. 314), s'expédie *franco*, à toute adresse, en échange de 1 fr. (voir art. 475).

VERMICIDES.

ART. 460. — **Vermicides ou vermifuges.** — Les *dix paquets de santonine*, comme les plus sûr des vermifuges chez l'adulte, s'expédient *franco*, à toute adresse, avec notice explicative, en échange de 2 fr. (voir art. 139).

Les pastilles de santonine, vermifuge par excellence des enfants, s'expédient également à tout domicile, en échange de 1 fr. 50 c. la boîte, avec instruction.

Le kousso, le plus efficace des téniafuges : dose ordinaire, rendue *franco*, 6 fr.; dose forte, 9 fr., toujours avec notice explicative.

Les agents du traitement complet pour les convulsions, avec notice, pilules sédatives, etc., nous l'avons déjà dit (art. 487), sont du prix de 24 fr., rendus à domicile.

PRODUITS D'ÉCONOMIE DOMESTIQUE.

ART. 491. — **Envoi de ces produits.** — Les produits d'économie domestique, obtenus dans la maison Aug. Gaffard, et dont suit la liste, ne peuvent, depuis l'élévation des tarifs postaux, s'envoyer par la voie postale, mais seulement par les chemins de fer.

M. Gaffard veut bien en maintenir l'ancien prix, rendus à domicile, par la grande vitesse, mais à une condition pourtant, que tout le monde comprendra : c'est qu'il ne fera pas d'envoi d'une valeur inférieure à 10 fr., somme devant toujours lui être transmise d'avance et *franco*. Dès lors, le destinataire de ces produits pourra y faire ajouter pour telle ou telle valeur de produits médicamentaux (voir art. 480 à 490), en en ajoutant le montant aux 10 fr. Dans les villes qui ont une gare ou un service de messageries correspondant avec une ligne ferrée, ces objets seront envoyés, dans un ballot ou un caisson, *franco*, au domicile de l'acheteur. Dans les localités privées d'une gare ou d'un bureau qui y corresponde, le colis sera adressé à la gare la plus rapprochée, et *suivant les indications qu'on aura fournies* à M. Gaffard.

Art. 492. — **Encens vrai d'Orient, granulé.** — Le plus suave de tous les baumes employés en fumigations, dans les temples divins ; à raison, rendu *franco* (voir art. 491), de 3 fr. 60 c. le 1/2 kilog.

Art. 493. — **Encens idioflègue**, plus suave encore que le précédent, et brûlant par lui-même, sans le secours de charbons incandescents, à raison, rendu *franco*, de 2 fr. 40 c. le 1/2 kilog. (Autres conditions exposées art. 491.)

Art. 494. — **Encres en poudre.** — Qu'il s'agisse du *mélanogène*, poudre dont chaque paquet produit, à l'instant, un litre d'encre noire la plus parfaite ; qu'il s'agisse des poudres pour encre communicative, comme pour encre bleue, dont les paquets servent à produire une fraction de litre d'encre, ces paquets seront comptés à raison de 30 c. l'un, quel qu'en soit le nombre, pourvu que la somme envoyée à M. Gaffard (art. 491) soit au moins 7 fr. 50 c. En envoyant à M. Gaffard une somme supérieure à 7 fr. 50 c. à destination des poudres pour encre, on aurait droit (voir le tarif spécial aux encres, art. 316) à une faveur de prix.

Art. 485. — **Extraits saccharins pour la production économique des liqueurs de table, salubres.** — Chaque boîte destinée à préparer un litre de liqueur, accompagnée de l'exposition du mode opératoire et d'une étiquette imprimée, toute gommée, pour appliquer sur la bouteille de litre, se vend 50 c., rendue *franco*, dans les conditions précitées (art. 491). Sont dans ces cas : les extraits pour *chartreuse*, *anisette*, *curaçao*, *crême de menthe*, *crême de noyaux*, *élixir de Garus*, *vespétro*, *marasquin*, *crême d'angélique*. Se vendent 25 c. de plus, ou à raison de 75 c. : la *chartreuse de Vichy*, la *liqueur hygiénique de R.* et l'*élixir de longue-vie*.

Art. 496. — **Gland doux et Néomoka.** — Ces deux pseudo-cafés hygiéniques, très-agréables au goût, extrêmement nutritifs, destinés à remplacer le café des îles chez les tempéraments nerveux et lymphatiques, particulièrement chez les femmes faibles, les enfants, les nourrices, dont ils favorisent la lactation, et chez les vieillards des deux sexes, sont expédiés *franco*, dans les conditions précitées (voir art. 491) à raison, l'un et l'autre, de 2 fr. 40 c. le kilog.

ART. 497. — **Muricide phosphoré.** — Cette pâte, renfermée dans des pots de fer-blanc, revêtus d'une enveloppe avec étiquette-instruction, constitue le plus efficace des moyens pour détruire les rats. Elle a l'immense avantage sur ses congénères, ayant si souvent occasionné des incendies, de ne pouvoir jamais s'allumer spontanément. Le prix de ces pots, envoyés *franco*, dans les conditions exposées art. 491, est de 1 fr. 20 c. les trois pots, ou 2 fr. 25 c. les six pots.

ART. 498. — **Oxyde d'aluminium, pour affiler les rasoirs.** — Ce corps, le plus dur après le diamant, obtenu dans un état d'extrême division, est le meilleur de tous les moyens pour aiguiser les rasoirs. Il produit, même sur ceux de médiocre qualité, des effets surprenants de précision, qui doivent généraliser de plus en plus l'emploi de cette précieuse poudre. Le paquet, que nous expédions encore *franco* par la poste, en échange de 1 fr., est livré dans les conditions exposées art. 491, à raison de 75 c. Les dix paquets, 5 fr. seulement.

ART. 499. — **Poudre vulnéraire vétérinaire.** — Cette poudre, d'une efficacité vraiment surprenante dans son emploi pour le traitement des contusions, écorchures, blessures, *couronnement* des animaux de la ferme et du *piétin* chez le mouton, s'expédie *franco*, dans les conditions exposées art. 491, à raison de 2 fr. le paquet de 250 grammes.

RENSEIGNEMENTS COMPLÉMENTAIRES.

ART. 500. — **Ouvrages de M. Gaffard.** — M. Gaffard ne balance point à livrer gratuitement en prime, sur une vente de 6 fr. au moins, soit un exemplaire de son Mémoire sur l'*infection paludéenne*, soit même un volume du *Petit-Livre de la santé et du bien-être*. Différemment, le mémoire sur l'infection paludéenne est compté à raison de 50 c.; et le *Petit-Livre*, à raison de 1 fr. l'exemplaire, rendus *franco*.

La 2e édition de luxe de la brochure sur la nocuité du tabac, dont la 1re édition a remporté le premier prix en 1872, au concours ouvert, depuis trois ans, par l'Association française contre l'abus du tabac et des boissons, est en vente. La propriété de ce livre est aujourd'hui, et par suite d'un traité, à MM. Chapoulaud frères, éditeurs de Paris et de Limoges. C'est donc à cette importante maison de librairie (à Limoges) qu'on devra s'adresser pour se le procurer. A cet effet, et pour le recevoir *franco*, on devra transmettre 1 fr. 25 c. dans la lettre de demande.

Quant à la *Science usuelle*, cette encyclopédie scientifique et médicale, d'une utilité de tous les instants, particulièrement pour l'habitant de la campagne, et dont les deux premières éditions ont été si rapidement épuisées; réimprimée par les soins de MM. Chapoulaud, à qui cette édition a été également vendue, elle s'expédie brochée, *franco*, en échange d'une somme de 7 fr., transmise *franco* à MM. Chapoulaud frères, à Limoges; ou reliée à l'anglaise, en deux vol., à raison de 8 fr. 50 c. les deux; ou même reliée en un seul gros volume, à 8 fr.

ART. 501. — **Demandes à M. Gaffard, en général.** — Toute lettre à destination de M. Gaffard pourra présenter, simplement, la suscription : « M. Aug. Gaffard, à Aurillac ». Elle devra être affranchie. S'il s'agit d'une simple lettre de renseignements, ne commettant point des produits et demandant une réponse, elle devra renfermer le timbre-poste pour l'affranchissement de cette réponse.

ART. 502. — **Nécessité absolue de joindre une valeur à toute demande.** — La rigoureuse obligation imposée à tout demandeur des articles de M. Gaffard, *de transmettre d'avance la valeur des objets demandés*, est motivée par plusieurs considérations, dont la plus saillante est l'économie de temps, dans une maison où, pour éviter des erreurs et donner prompte satisfaction à tous les demandeurs, le travail de bureau et d'expédition prend un temps considérable. Que ne serait-ce point s'il fallait y ajouter l'inscription complexe, sur des registres, des sommes relativement minimes que représentent ces envois, quand on considère, surtout, les oublis auxquels *les personnes les plus honorables sont sujettes, comme l'expérience le démontre*, et aux lettres de rappel qu'il y aurait lieu d'écrire, toutes choses représentant un temps ou des frais de poste pouvant aller jusqu'à absorber les bénéfices du producteur, *déjà très-réduits*, soit par la hausse générale dans le prix des matières premières, soit par l'élévation des salaires, soit enfin par les nouvelles exigences des tarifs postaux!

L'administration des postes *ne reçoit point de paquets en remboursement*, comme le croient encore bien des personnes. Quant aux remboursements par l'intermédiaire des chemins de fer, M. Gaffard *n'en veut à aucun prix*, par suite des longueurs, des embarras, des écritures et des frais qu'ils entraînent.

M. Gaffard n'ayant pas de pharmacie, on ne donnerait pas suite, dans sa maison, à des demandes qui porteraient sur des objets autres que ses produits spéciaux, désignés art. 476 à 500 du présent tarif.

ART. 503. — **Nature des valeurs à envoyer à M. Gaffard.** — M. Gaffard accepte, comme valeurs, depuis le timbre-poste, le coupon de rente échue, le billet de banque, jusques et y compris le *mandat postal, la plus normale des valeurs à envoyer dans une lettre*. Toutes ces valeurs, *sauf les mandats de poste*, nominaux et payables seulement au destinataire, sont sujettes à être frauduleusement soustraites par les agents de transport de la lettre, à moins qu'on n'ait recours à la formalité du chargement, qui nécessite l'enveloppe scellée par trois ou six cachets à la cire, et coûte 50 c. en sus de son affranchissement normal.

Une sage économie veut, dans les cas d'envoi d'argent par la poste, qu'on ait recours à l'emploi des mandats de poste, jusqu'à 10 fr. Au-dessus de 10 fr., et pour éviter les 50 c. de timbre, on pourrait recourir, jusqu'à concurrence de 20 fr., à l'emploi de deux mandats postaux, et pourvu que MM. les employés des postes veuillent s'y prêter. A partir de 20 fr. et au-dessus, on emploierait des billets de banque, et pour compléter les fractions de somme au-dessous de 5 fr., des timbres-poste ou un mandat postal; mais dès lors il y a lieu de recourir à la formalité précitée du chargement, soit pour la garantie contre la perte de ces objets, soit pour se conformer aux obligations de la loi. La valeur ainsi envoyée, serait-elle au-dessus de 25 fr., chiffre de l'indemnité en cas de perte, comme cela arrive souvent, se borner, par économie, à la simple formalité du chargement, attendu qu'il n'y a pas d'exemple, paraît-il, de lettre chargée qui se soit perdue.

ART. 504. — **Mécomptes dans la réception des envois.** — Parmi les personnes qui demandent à M. Gaffard une ou plusieurs de ses spécialités devant leur parvenir par la poste, il en est qui, pour cause d'imperfection du service postal, reçoivent tardivemant ces objets; d'autres qui en reçoivent immédiatement une partie seulement. M. Gaffard, n'apportant absolument jamais aucun retard dans l'exécution de ces ordres, que facilite par hasard la proximité du bureau postal, sis dans une de ses maisons à contiguïté de son usine et des bureaux, a l'honneur de prier tout demandeur de vouloir, avant de lui adresser une réclamation quelconque à ce sujet : 1° supputer la période de temps que prend le service pour s'effectuer entre les résidences de l'expéditeur et du destinataire, période qu'on doublera, par suite d'une foule de retards fréquents, avant de considérer ces objets comme ne devant point parvenir ; 2° lorsqu'une partie des objets est parvenue à destination, attendre trois jours, au moins, pour supposer autre chose qu'une fausse direction de la portion en retard ; 3° et enfin, ne prendre, dans aucun cas, le parti d'écrire à M. Gaffard pour lui signaler la non-réception, que tout autant qu'on aura adressé ses plaintes à la recette postale à laquelle ressortit la résidence du destinataire, et sur une réponse peu satisfaisante. Alors, et seulement alors, il y aura lieu de porter ses plaintes à l'expéditeur, mais en lui faisant connaître les démarches qu'on aura faites et leur résultat.

ART. 505. — **Garantie contre la perte et le retard des envois par poste.** — Les paquets adressés par la voie postale, si sujets à se perdre ou à prendre une fausse direction, sont à l'avenir garantis contre ces accidents par l'application de la législation récente qui en consacre la *recommandation.* Nos clients qui voudront s'assurer ces précieux avantages sont priés de nous transmettre 25 cent. en sus du prix des objets demandés, somme que nous consacrerons exactement à cette garantie.

CITATIONS DE CORRESPONDANCE.

ART. 506. — PRÉAMBULE. — Nous avons reproduit, art. 292, quelques passages de lettres élogieuses relatives au fébrifuge. On nous permettra de consigner ici quelques fragments relatifs à nos pilules panchymagogues (art. 298, 426). Nous pourrions en citer par mille, de ce genre, si nous le voulions, et que nous ne fussions retenu, comme nous le sommes, par des considérations si impérieuses de discrétion à l'égard de malades dont le plus grand nombre se traite en secret.

M. Lamouroux, maire de Saint-Etienne (Cantal) : « Mon cher M. Gaffard, ayez la bonté de délivrer au domestique, que j'envoie tout exprès à Aurillac, une nouvelle boîte de vos excellentes pilules panchymagogues. Une crise goutteuse vient de s'annoncer, et, comme *rien n'a pu me soulager, jusqu'à présent, que cette préparation*, je ne dois avoir rien de plus pressant que de me les administrer. Si elles arrivent assez tôt, je sais qu'elles *préviendront l'attaque !* Différemment, elles ont toujours eu le pouvoir de me débarrasser assez subitement, et de la douleur et de l'enflure comme de la rougeur, tout ce qu'on peut vraiment désirer d'un remède. J'ajouterai que ceux qui agissent si promptement et si sûrement sont rares.

» Permettez-moi de vous féliciter des résultats de vos longues et patientes recherches, et agréez, etc. »

M. Lafon, instituteur à Montayral (Lot-et-Garonne) : « En échange de la somme ci-jointe, veuillez m'envoyer 3 boîtes de vos pilules panchymagogues, qui continuent à produire *les plus merveilleux effets*, etc. »

M. Mestaïez, curé de Granges (Dordogne) : « Merci mille fois de vos pilules phnchymagogues : j'étais goutteux, et me voilà guéri ; ma sœur était goutteuse, et elle est guérie de même ; c'est prodigieux ; *Deo gratias et tibi...* »

M. Daure, curé de Fresselines (Creuse) : « Vos pilules panchymagogues ont fait merveille dans la paralysie pour lesquelles je les avais demandées... »

M. Rosier, médecin à Lunac (Aveyron), à M. Boussaguet, pharmacien à Najac (Aveyron) : « Ennemi des remèdes secrets, trop souvent le domaine du charlatanisme, je ne me suis décidé à employer les pilules de Lartigue que lorsque les effets en ont été incontestablement démontrés par l'expérience. Il n'en a pas été de même des pilules de M. Gaffard, que j'ai employées avec une entière confiance, inspirée par la bonne foi et les talents bien reconnus de leur auteur. Ayant à donner mes soins à une femme atteinte de rhumatisme articulaire, je les ai prescrites à la dose de deux toutes les six heures ; or, *six pilules ont suffi* pour arrêter complètement l'accès... »

M. Combecave, curé d'Allons (Lot-et-Garonne) : « Vos panchymagogues opèrent des prodiges. Diverses attaques d'apoplexie ont été prévenues ou enrayées par leur usage ; un perclus de tous ses membres a recouvré le mouvement, et plusieurs goutteux ont éprouvé les plus heureux effets de ces pilules : il n'y a pas jusqu'à deux asthmatiques que je n'ai vu guérir par l'effet merveilleux de ces pilules... »

M. Delbès, pharmacien, maire d'Aprières (Aveyron) : « Encore un nouvel approvisionnement de pilules panchymagogues... Nous avons ici peu de goutteux, mais, en revanche, des dartres invétérées, des cataractes et des amauroses (goutte sereine), des tumeurs et des ulcères, cas dans lesquels ces pilules *ont fait de vrais prodiges...* »

LIMOGES. — IMP. DE CHATOULAUD FRÈRES
Rue Montant-Manigne, 7
PARIS, RUE HONORÉ-CHEVALIER, 4

48

www.ingramcontent.com/pod-product-compliance
Lightning Source LLC
LaVergne TN
LVHW010050230826
846091LV00005B/1909

* 9 7 8 2 0 1 3 7 5 3 5 2 4 *